deutsch.kompetent

Trainingsheft schriftliches Abitur

Erarbeitet von:

Werner Frizen
Peter Jansen

- Literarische und pragmatische Texte angeleitet erschließen
- Relevante Aufsatzformen Schritt für Schritt trainieren
- Langfristige und systematische Abiturvorbereitung

Ernst Klett Verlag
Stuttgart · Leipzig

Bildquellen:

Umschlag Rücken li: Klett-Archiv (Peter Franke/PUNCTUM), Stuttgart; **Umschlag hinten re und vorn li:** Getty Images (Alex and Laila), München; **Umschlag vorn Mitte:** Avenue Images GmbH (Laura Doss), Hamburg; **Umschlag re:** Corbis (Will & Deni McIntyre), Düsseldorf; **S. 4:** Avenue Images GmbH (Masterfile), Hamburg; **S. 5:** AKG, Berlin; **S. 6:** Corbis (Catherine Karnow), Düsseldorf; **S. 8**: AKG, Berlin; **S. 20:** dfd Deutscher Fotodienst GmbH, Hamburg (Madame Bovary, D: Isabelle Huppert, R: Claude Chabrol, Frankreich 1991); **S. 44**: Cinetext GmbH, Frankfurt; **S. 46:** AKG, Berlin; **S. 53:** Picture-Alliance (Mella/MP/Leemage), Frankfurt; **S. 63 o:** AKG, Berlin; **S. 63 u:** (c) VG Bild-Kunst, Bonn 2008; **S. 70:** www.drama-berlin.de, Berlin; **S. 85 li:** Interfoto, München; **S. 85 re:** AKG (Erich Lessing), Berlin; **S. 87:** www.drama-berlin.de, Berlin; **S. 88:** iStockphoto (Jim Larkin), Calgary, Alberta; **S. 96:** Ullstein Bild GmbH (Peters), Berlin; **S. 110:** TV-yesterday, München; **S. 124:** WILDLIFE Bildagentur GmbH (M.Harvey), Hamburg

1. Auflage 1 12 11 10 9 | 22 21

Alle Drucke dieser Auflage sind unverändert und können im Unterricht nebeneinander verwendet werden.
Die letzte Zahl bezeichnet das Jahr des Druckes.

Die Erwartungshorizonte im Lösungsheft sind keine offiziellen Lösungen der Landesministerien.

Autoren: Werner Frizen, Köln; Peter Jansen, Köln
Berater: Jörg Ulrich Meyer-Bothling, Gleichen
Redaktion: Heide Lutosch
Herstellung: Carina Riehl

Umschlaggestaltung und Layout: Petra Michel, Essen
Satz: Büro für typografische Dienstleistungen Markus Schmitz, Altenberge
Reproduktion: Meyle & Müller Medienmanagement, Pforzheim
Druck: AZ Druck und Datentechnik GmbH, Kempten/Allgäu

Printed in Germany
ISBN 978-3-12-350455-6

9 783123 504556

Inhalt

Vorwort

Liebe Schülerinnen und Schüler,

so oder so ähnlich mag das Gedanken- und Gefühlschaos in Ihnen aussehen, je mehr Sie sich dem Abitur nähern.

Viele Fragen, aber auch Ängste und Sorgen sind damit verbunden – bei jedem Prüfling. Dieses Heft will helfen, Fragen zu klären und manche Sorgen zu beseitigen. Dass auch alle Ängste ausgeräumt werden, das können wir Ihnen freilich nicht versprechen.

Unsere Überzeugung ist allerdings, dass man Ängste durch Fähigkeiten und Fertigkeiten ausbalancieren und beherrschen kann. Je sicherer Sie sich am Prüfungstag in der Sache fühlen, umso leichter können Sie mit Ihren Ängsten umgehen.

Dieser Überzeugung entsprechend haben wir das Arbeitsheft aufgebaut: Es dient nicht als Notbremse um fünf vor zwölf, sondern der **langfristigen Vorbereitung** und der schrittweisen Verbesserung Ihrer Analyse- und Schreibkompetenzen. Schließlich kommt es darauf an, dass sich die erforderlichen Arbeitsprozesse so ‚einschleifen', dass Sie im Ernstfall routiniert darüber verfügen können.

Die Trainingsprogramme umfassen die in der Oberstufe und im Abitur **relevanten Textarten** und die **bundesweit** durch die Kultusministerkonferenz **festgelegten Aufsatzarten:**

Analysieren/Interpretieren	› Analyse/Interpretation epischer Texte › Analyse/Interpretation lyrischer Texte › Analyse/Interpretation dramatischer Texte
Analysieren	› Analyse von Sachtexten
Erörtern	› Erörterung von Sachtexten
Gestalten	› Adressatenbezogenes Schreiben

Dem Training dieser sechs Aufsatzarten ist in unserem Heft das **Basistraining** vorgeschaltet. Hier werden solche Fähigkeiten eingeübt, die für alle Klausurtypen wichtig sind:

- die gründliche Textarbeit
- der systematische Umgang mit Aufgabenarten und Aufgabenstellungen
- das Bewerten und Überarbeiten einer Klausur

Die Übungen des Basistrainings liegen allen Aufgaben des Aufsatztrainings zu Grunde und werden dort nicht eigens wieder aufgegriffen. Wenn Sie die Textarbeit, die Aufgabenanalyse und das Überarbeiten schon beherrschen, können Sie das Basistraining vernachlässigen und gleich in das spezielle Aufsatztraining einsteigen.

Am Anfang jeder dieser Trainingseinheiten stehen die **Aufgaben zur Selbsteinschätzung**. Hier können Sie Ihren Fachwortschatz und Ihre Kenntnisse zum methodischen Umgang mit den unterschiedlichen Textarten überprüfen und gegebenenfalls mit Hilfe unseres **Basislexikons** ergänzen.

Dann beginnt das eigentliche **Training**. Die einzelnen Trainingseinheiten sind systematisch aufgebaut. Folgen Sie einfach den **sechs Arbeitsschritten** mit den zugehörigen Aufgaben und schreiben Sie Ihre Ergebnisse direkt ins Heft. Das ausführliche Lösungsheft soll dabei Ihr ständiger Begleiter sein: Hier können Sie unmittelbar überprüfen, ob Ihre Ausarbeitungen in die richtige Richtung zielen.

Sehr wichtig erscheint es uns, dass Sie sich auf die angebotenen Themen und Texte wirklich einlassen. Methoden ohne Inhalte zu üben – das wäre wie Trockenschwimmen. Gleichwohl sind selbstverständlich die Texte und Themen so ausgewählt, dass mit ihnen exemplarisches Üben tatsächlich praktikabel ist.

Sie müssen also die Texte, um die es geht, durchaus nicht vollständig gelesen haben, um die Trainingseinheiten nutzbringend zu durchlaufen: Sämtliche Materialien sind so aufbereitet, dass Sie für sich sprechen und keiner Ergänzung bedürfen. Und wenn Sie durch das Material in diesem Heft Lust bekommen sollten, ein Thema zu vertiefen oder einen Text vollständig kennenzulernen – umso besser!

Zum Abschluss jedes Kapitels finden Sie jeweils eine **offizielle Abituraufgabe** aus verschiedenen Bundesländern. An dieser Stelle können Sie mithilfe der ausführlichen Erwartungshorizonte Ihre Lernfortschritte selbstständig überprüfen.

Mit dem **Trainingsheft schriftliches Abitur** durchlaufen Sie also ein planmäßig aufgebautes Schreibtraining.

Es kann Sie als Klausurvorbereitung während der gesamten gymnasialen Oberstufe begleiten und Ihnen helfen, Ihre Analyse- und Schreibfähigkeiten systematisch zu verbessern.

Sie können es aber ebenso gut in einer mittelfristig angelegten Vorbereitungsphase zum schriftlichen Abitur komplett durcharbeiten.

Immer aber sollte eine Trainingseinheit als ganze angeeignet werden: Innerhalb einer Einheit durchlaufen Sie eine Progression, die Sie jeweils vom Einfacheren zum Komplexen führt.

Dann doch noch ein Wort an jene, die um fünf vor zwölf in Panik geraten sind: Auch Ihnen kann geholfen werden – vorausgesetzt, Sie haben in letzter Minute ein ganz bestimmtes, umgrenztes Defizit erkannt und wollen dieses gezielt ausgleichen. In diesem Fall leiten Sie das Inhaltsverzeichnis oder das Stichwortverzeichnis zu Ihrem Problem und dessen Lösung weiter.

Schließlich wünschen wir Ihnen gutes Gelingen bei der Arbeit mit diesem Heft und in der Abiturprüfung viel Erfolg!

Werner Frizen
Peter Jansen

Basistraining

Die Schreibforscherin Regina Klein vergleicht das Verfassen von Analysen mit dem Jonglieren von Bällen:
„Wie beim Jonglieren hat man beim Schreiben mehrere Bälle in der Luft und muss mehrere Aufgaben gleichzeitig verrichten": die Inhalte klären, fachsprachlich formulieren, den Adressaten im Blick behalten und auch noch auf die Zeit achten. Aufgrund mangelnder Schreiberfahrungen verlangten die meisten dennoch von sich, auf Anhieb druckreife Texte formulieren zu können: „Ihnen ist in der Regel nicht bewusst, dass es von der ersten Idee bis zum gelungenen Text vieler Arbeitsschritte bedarf."

Wenn einer alles auf einmal beherrschen wolle, seien Verunsicherungen, Blockaden und Fluchtverhalten vorherbestimmt. Oft werde es als persönliches Versagen gedeutet, wenn ein Text nicht gleich beim ersten Versuch gelingt. Deshalb sollte man beim Jonglieren den Ball flachhalten und die Menge der Bälle reduzieren, d.h. den komplexen Vorgang des Schreibens in überschaubare Teilprozesse zerlegen.

Drei dieser Teilprozesse sind bei jeder Aufsatzart erforderlich: die gründliche Erarbeitung des Textes, der der Aufgabenstellung zugrunde liegt, das genaue Verstehen der Klausuraufgabe, die Ihnen gestellt wird, und die Überarbeitung Ihrer Klausur. Diese Prozesse finden im Vorfeld bzw. im Anschluss an die eigentliche Konzeptions- und Schreibarbeit statt und sind schon deshalb unabdingbar – eben die Basis aller weiteren, spezielleren Kompetenzen.

Das folgende Kapitel will

- **verschiedene Möglichkeiten des Markierens und Erschließens von Sachtexten und literarischen Texten wiederholen,**
- **Ihnen die Bedeutung von Operatoren sowie der Begriffe „analysieren" und „interpretieren" ins Bewusstsein rufen,**
- **Ihnen realistische Wege der Klausurüberarbeitung aufzeigen.**

Textarbeit

→ Lösungsheft S. 1–3

Im Folgenden stellen wir zwei Möglichkeiten der vorbereitenden Textarbeit dar: das Markieren und Erschließen von Sachtexten und das Markieren und Erschließen von literarischen Texten. Sie haben jeweils eine andere Funktion:

- Bei Sachtexten dient die Arbeit am Text der Klärung des inhaltlichen Gerüsts, der zentralen Thesen und des Argumentationsganges.
- Der literarische Text stellt Figuren dar, arbeitet mit Bildern, Motiven und Verweisen. In diesem Fall dient das Markieren vor allem dazu, sich ein solches sprachliches Gewebe zu vergegenwärtigen und zu veranschaulichen.

Erarbeitung von Sachtexten

Markieren und Unterstreichen

Markierungen im Text dienen der gezielten Hervorhebung zentraler Begriffe, Wortfelder, Gedanken oder Bilder. Sie ersparen Ihnen bei der Erschließung und bei der schriftlichen Abfassung (vor allem beim Zitieren) längere Sucharbeit nach Kernformulierungen des Textes. Bei den späteren Arbeitsgängen sollten die Hervorhebungen ins Auge springen, weshalb grelle Farben (Neonfarben) zu bevorzugen sind. Im Text sollten Sie sparsam und gezielt markieren. Weitflächige Hervorhebungen ganzer Abschnitte in einer einzigen Farbe sind nutzlos, weil auf diese Weise alles gleich wichtig erscheint. Kennzeichnen Sie also nur einzelne Wörter oder Wortgruppen. Folgende weitere Markierungen sind üblich:

Zentrale Begriffe oder Schlüsselwörter eines Abschnittes werden unterstrichen.

Positionen, mit denen sich der Autor auseinandersetzt, werden unterschlängelt.

Textstellen, die die persönliche Meinung oder die Position des Autors erkennen lassen, werden eingekreist.

Randzeichen

Um Wichtiges, Zweifelhaftes oder Unklares hervorzuheben, können Sie am Rand des Textes eigene Zeichen setzen. Sie können derartige Zeichen und Symbole für sich selbst definieren. Vielfach werden die folgenden benutzt:

|	so streichen Sie eine wichtige Textaussage an
≀	so kennzeichnen Sie eine zweifelhafte These oder fragwürdige Argumente
?	so markieren Sie (noch) nicht Verstandenes
!	so zeichnen Sie Aussagen aus, denen Sie in besonderer Weise zustimmen

Wenn Sie einen argumentierenden Text erarbeiten und sich die Struktur der Argumentation vor Augen führen wollen, so empfiehlt es sich, Kürzel zu verwenden:

T	These
A	Argument
E	Erläuterung
B	Beleg, Beispiel
Zit	Zitat

Schlüsselwortmethode

Bei dieser Methode werden zunächst alle Begriffe unterstrichen, die für die Textaussage zentral sind. In einem zweiten Schritt lassen sich die unterstrichenen Begriffe innerhalb des Textes durch Pfeile miteinander vernetzen oder als Gegensätze kennzeichnen.

Konspektmethode

Bei diesem Verfahren wird der Text in Abschnitte gegliedert, die dann mit Überschriften versehen werden. Die Überschriften sollen den Inhalt möglichst knapp und präzise zusammenfassen.

TIPP

Unter Klausurbedingungen empfiehlt es sich, die den Text gliedernden Schlagwörter unmittelbar am Rand zu notieren. Die Vorteile einer solchen Inhaltsübersicht:

- **Sie erleichtert den Zugang zum Text, da durch die Verkürzung auf alles stilistische und rhetorische Beiwerk verzichtet wird.**
- **Sie dient einer schnelleren Orientierung.**
- **Sie hilft beim Schreiben, da sie Formulierungen vorgibt, die bei der Textbeschreibung wieder aufgenommen und miteinander verknüpft werden können.**

1. Lesen Sie den folgenden Text einmal zügig durch.

ALBERTO MANGUEL (* 1948)

Lesen lernen

Darstellung des Lesenlernens, Kolorierter Holzschnitt, um 1480

In jeder Schriftkultur kommt das Lesenlernen einer Initiation gleich, einem ritualisierten Übergang vom Zustand der Unselbstständigkeit und der beschränkten Verständigung zur Fähigkeit, mit Hilfe der Bücher am kollektiven Gedächtnis teilzuhaben und sich mit einer kulturellen Tradition vertraut zu machen, die sich mit jedem Leseakt weiter erschließt.

Lesenlernen als Erwach-senwerden (T)

In der jüdischen Gemeinschaft des Mittelalters zum Beispiel wurde das Ritual des Lesenlernens ausdrücklich gefeiert. Beim Fest des Schawuot, das an den Tag erinnert, da Moses die Thora aus Gottes Händen empfing, wurde der Junge, der in die Gemeinschaft aufgenommen werden sollte, in einen Gebetsschal gehüllt und von seinem Vater zum Lehrer gebracht. Der Lehrer nahm den Jungen auf den Schoß und zeigte ihm eine Schieferplatte, auf der das hebräische Alphabet, ein Vers aus der Heiligen Schrift und die Worte „Möge die Thora dein Beruf sein“ geschrieben waren. Der Lehrer las jedes Wort vor, und das Kind wiederholte es. Dann wurde die Tafel mit Honig bestrichen, das Kind leckte sie ab und nahm so die heiligen Worte in sich auf. Desgleichen wurden Bibelsprüche auf hart gekochte Eier und Honigkuchen geschrieben, die das Kind essen durfte, nachdem es dem Lehrer die Sprüche vorgelesen hatte.

Lesenlernen als Ritual im Judentum (B)

Obwohl es schwierig ist, über viele Jahrhunderte und Ländergrenzen hinweg zu verallgemeinern, war das Lesen und Schreiben in der christlichen Gesellschaft des späten Mittelalters und der Frührenaissance – abgesehen von der Kirche – fast ausnahmslos das Privileg des Adels und, nach dem 13. Jahrhundert, der bürgerlichen Oberklasse. Auch wenn es Aristokraten und Patrizier gab, die Lesen und Schreiben als niedere Tätigkeiten betrachteten, für die allein arme Kleriker taugten, lernten die meisten Jungen und nicht wenige Mädchen, die in diese Gesellschaftsschicht hineingeboren wurden, das Alphabet sehr früh. Die Amme des Kindes begann, wenn sie selbst lesen konnte, mit dem Unterricht, und sie wurde mit größter Umsicht ausgewählt, da sie nicht nur für die Milch, sondern auch für die richtige Wortwahl und Aussprache der Kinder sorgen musste […].

Obwohl im 15. Jahrhundert die meisten reichen Häuser ausreichend Platz für einen Unterricht im Hause boten und auch für die erforderliche Ruhe und die Ausrüstungen sorgen konnten, empfahlen die Gelehrten gewöhnlich, dass die Jungen außerhalb der Familie, in der Gesellschaft anderer Jungen erzogen werden sollten; andererseits debattierten die mittelalterlichen Moralisten hitzig über den Nutzen der privaten oder öffentlichen Erziehung von Mädchen. „Es schickt sich nicht für Mädchen, lesen und schreiben zu lernen, falls sie nicht Nonnen werden wollen, da sie sonst von einem bestimmten Alter an Liebesbriefe schreiben und empfangen könnten“, warnte der Adlige Philippe de Novare, aber manche Zeitgenossen widersprachen ihm. […]

Im Wesentlichen bestand die scholastische Lehrmethode in der Behandlung der Lehrtexte nach feststehenden, offiziell beglaubigten Kriterien, die den Schülern gründlich und schmerzhaft eingepaukt wurden. Beim Lesenlernen hing der Erfolg der Methode mehr von der Ausdauer als von der Intelligenz der Schüler ab.

In der Mitte des 13. Jahrhunderts befasste sich der spanische König Alfons der Weise mit diesem Problem: „Gut und wahrhaftig sollen die Lehrer ihr Wissen den Schülern zeigen, indem sie ihnen Bücher vorlesen und nach Kräften zu deren Verständnis beitragen; [...] Und wenn sie bei Gesundheit sind, sollen sie niemand anderen zum Lesen vorschicken, es sei denn, um ihm Ehre zu erweisen, aber nicht, um sich der Aufgabe des Lesens zu entziehen.“ [...]

Die wenigsten Studenten konnten sich Bücher leisten, und oft besaß nur der Lehrer die teuren Bände. Er schrieb die komplizierten Grammatikregeln an die Tafel – gewöhnlich ohne sie zu erklären, da gemäß der scholastischen Pädagogik das Verständnis kein unerlässlicher Bestandteil des Wissens war. Die Schüler waren dann gezwungen, die Regeln auswendig zu lernen. Wie zu erwarten, waren die Ergebnisse oft enttäuschend. [...]

(1996)

2. Beginnen Sie nun mit der intensiven Textarbeit. Markieren Sie innerhalb des Textes *sparsam*, d. h. heben Sie nur die Schlüsselwörter hervor, die den jeweiligen Abschnitt charakterisieren.

Siehe Schlüsselwortmethode → S. 7

3. Kennzeichnen Sie Ihnen unbekannte Begriffe und versuchen Sie, ihre Bedeutung aus dem Zusammenhang zu erschließen. Schlagen Sie nur dann in einem Fremdwörterbuch nach, wenn es wirklich nötig ist.

Z. 2 Initiation: ______

Z. 11 Thora: ______

Z. 52 scholastisch: ______

______

______

4. Setzen Sie die Inhaltsübersicht (den Konspekt) am rechten Rand fort.

Siehe Konspektmethode → S. 7

5. Unterscheiden Sie im Text Thesen, Beispiele und Zitate, indem Sie Kürzel an den Rand schreiben.

Klärung schwieriger Textstellen

Um vor allem wissenschaftliche Texte zu verstehen, reicht es nicht immer, die Verwendung von Begriffen (Fachwörtern, Fremdwörtern) geklärt zu haben. Nicht selten ist auch der überdehnte oder komplizierte Satzbau, der sich erheblich von der Normalsprache unterscheidet, ein Hemmnis auf dem Weg zum angemessenen Verstehen. Die Darstellung eines komplizierten Sachverhalts macht jedoch oft eine komplexere Darstellungsform erforderlich. Ein Beispiel:

ARTHUR SCHOPENHAUER (1788–1860)

Selbstdenken

Lesen heißt mit einem fremden Kopfe, statt des eigenen, denken. Nun ist aber dem eigenen Denken, aus welchem allemal ein zusammenhängendes Ganzes, ein, wenn auch nicht streng abgeschlossenes, System sich zu entwickeln trachtet, nichts nachteiliger, als ein, vermöge beständigen Lesens, zu starker Zufluss fremder Gedanken; weil diese, jeder einem andern Geiste entsprossen, einem andern Systeme angehörend, eine andere Farbe tragend, nie von selbst zu einem Ganzen des Denkens, des Wissens, der Einheit und Überzeugung zusammenfließen, vielmehr eine leise babylonische Sprachverwirrung im Kopfe anrichten und dem Geiste, der sich mit ihm überfüllt hat, nunmehr alle Einsicht benehmen und so ihn beinahe desorganisieren.

(1851)

Um Klarheit über dieses durch ungewöhnliche Kommasetzung noch stärker verstörende Satzgebilde zu gewinnen, empfehlen sich zwei Methoden:

Weglassprobe

Sie arbeiten das Subjekt und Prädikat der Kernaussage heraus, indem Sie die untergeordneten, vor allem die beiordnenden (denselben Gedanken unter verschiedenen Aspekten variierenden) Satzglieder wegstreichen, bis das Gerüst übrigbleibt:

Lesen heißt mit einem fremden Kopfe, statt des eigenen, denken. Nun ist aber dem eigenen Denken, ~~aus welchem allemal ein zusammenhängendes Ganzes, ein, wenn auch nicht streng abgeschlossenes, System sich zu entwickeln trachtet,~~ nichts nachteiliger, als ein~~, vermöge beständigen Lesens,~~ zu starker Zufluss fremder Gedanken; weil diese, ~~jeder einem andern Geiste entsprossen, einem andern Systeme angehörend, eine andere Farbe tragend,~~ nie von selbst zu einem Ganzen des Denkens~~, des Wissens, der Einheit und Überzeugung~~ zusammenfließen~~, vielmehr eine leise babylonische Sprachverwirrung im Kopfe anrichten und dem Geiste, der sich mit ihm überfüllt hat, nunmehr alle Einsicht benehmen und so ihn beinahe desorganisieren.~~

Re-Konstruieren des Satzes

Sie arbeiten als erstes Subjekt und Prädikat der Kernaussage heraus, fügen dann nur die zum Verständnis notwendigen Satzergänzungen hinzu. Auf diese Weise haben Sie die Kernthese plastisch vor Augen, nämlich:

Nun ist aber dem eigenen Denken … nichts nachteiliger,
als ein … zu starker Zufluss fremder Gedanken.

Daraufhin ordnen Sie der Kernthese die wesentlichen Satzergänzungen zu. In diesem Falle stellen Sie fest, dass einerseits das „eigene[n] Denken", andererseits dessen Gegenteil, der „Zufluss fremder Gedanken", durch Nebensätze weiter erläutert sind. Auch hier übergehen Sie die beiordnenden Satzglieder, die denselben Gedanken unter verschiedenen Aspekten variieren.

Lesen heißt mit einem fremden Kopfe, statt des eigenen, denken. Nun ist aber dem eigenen Denken, aus welchem allemal ein zusammenhängendes Ganzes, ein, wenn auch nicht streng abgeschlossenes, System sich zu entwickeln trachtet, nichts nachteiliger, als ein, vermöge beständigen Lesens, zu starker Zufluß fremder Gedanken; weil diese, jeder einem andern Geiste entsprossen, einem andern Systeme angehörend, eine andere Farbe tragend, nie von selbst zu einem Ganzen des Denkens, des Wissens, der Einheit und Überzeugung zusammenfließen, vielmehr eine leise babylonische Sprachverwirrung im Kopfe anrichten und dem Geiste, der sich mit ihm überfüllt hat, nunmehr alle Einsicht benehmen und so ihn beinahe desorganisieren.

Ersatzprobe

Oft verdunkelt sich der Sinn eines Satzes auch dadurch, dass die Beziehungen zwischen den Satzgliedern unklar sind, weil Pronomina mit Platzhalterfunktion auf vorher genannte Substantive zurückverweisen. Die Ersatzprobe ergänzt wieder das eigentlich gemeinte Substantiv.

Nun ist aber dem eigenen Denken, aus welchem allemal ein zusammenhängendes Ganzes, ein, wenn auch nicht streng abgeschlossenes, System sich zu entwickeln trachtet, nichts nachteiliger, als ein, vermöge beständigen Lesens, zu starker Zufluss fremder Gedanken; weil diese, [die Gedanken anderer] jeder einem andern Geiste entsprossen, einem andern Systeme angehörend, eine andere Farbe tragend, nie von selbst zu einem Ganzen des Denkens, des Wissens, der Einheit und Überzeugung zusammenfließen, vielmehr eine leise babylonische Sprachverwirrung im Kopfe anrichten und dem Geiste, der sich mit ihm überfüllt hat, nunmehr alle Einsicht benehmen und so ihn [den Geist] beinahe desorganisieren.

Erarbeitung von literarischen Texten

Gabriele Wohmann stellt in ihrer Kurzgeschichte *Flitterwochen dritter Tag* aus dem Jahre 1968 die Beziehung eines frisch vermählten Paares dar, das an der spanischen Mittelmeerküste einen scheinbar entspannten Urlaubstag verbringt. Die ganz aus der Perspektive der Frau erzählte Geschichte deckt aber die tatsächlichen Beziehungsprobleme des Paares auf, das sich wenige Tage nach der Eheschließung schon entfremdet ist. Der Mann verplant das Leben seiner Frau und beobachtet gleichzeitig andere Frauen am Strand, die Frau kämpft mit dem körperlichen Ekel, den ihr der Mann bereitet.

GABRIELE WOHMANN (* 1932)

Flitterwochen, dritter Tag

Reinhard am dritten Tag gegen fünf, auf der Bierkneipenterrasse: du wirst deine Arbeit aufgeben. Du wirst einfach kündigen. Es war fast windstill, die Luft feucht. Ich kam aber nicht ganz dahinter, ob es mir richtig behagte. Ich starrte immer weiter den Mann mit der Warze an. Reinhard hob sein Glas, trank mir zu, mit irgendeinem Trinkspruch auf unsere Zukunft. Die Warze sah wie ein Polyp aus. Reinhard schlug vor, so wie jetzt an der See auch später regelmäßig abends spazieren zu gehen. Ja. Warum nicht? Schließlich: die Wohnung mit ihrer günstigen Lage. Unterm Hemd würde die Warze sich auch bemerkbar machen. Sie war mehr als einen Zentimeter lang. Seitlich vom Schlüsselbein stand sie senkrecht ab. Prost, Schatz, cheerio! Vielleicht, bei diesem Unmaß, hieß das nicht mehr Warze, was ich immer noch anstarrte. Liebling, he! Wir sind getraut! Du und ich, wir zwei – was man sich so zunuschelt kurz nach der Hochzeit. Reinhards Lieblingsgerichte, dann meine. Durch die Fangarme sah die Warze einer Narrenkappe ähnlich. Die Wohnung werden wir nach deinem Geschmack einrichten: der Garten – bloß Wildnis. Tee von Reinhards Teegroßhändler. Nett, so einig zu sein. Abwegiges Grau der See, und mein zweites Glas leer. Die Oberfläche der Warze war körnig, wie die Haut auf Hühnerbeinen. Reinhard hat noch zwei Stella Artois bestellt, ich fühlte nun doch ziemlich genau, dass es mir zusagte, das Ganze, Bier, diese Witterung, dies bemerkenswerte Meer und unser Gerede über alles, zum Beispiel: Hauptsache, du bist dein blödes Büro los. Das schrundige Ding auf der Schulter, erstarrtes Feuerwerk, stand nicht zur Debatte. Reinhard schützte wiedermal ein Schiff vor und starrte durchs Fernglas runter auf den Strand. Gewitter stand unmittelbar bevor, unser Zusammenleben auch, auch Abendspaziergänge, Teebestellungen, Leibgerichte, die Warze war immer noch sichtbar nun unterm Hemd, das der Mann anzog. Antonio Gaudi[1] hätte sie geträumt haben können. Reinhard redete, und ich habe eine Zeitlang nicht zugehört, weil ich – ich hätte schon ganz gern gewusst, ob das nicht wehtat, wenn mehr als nur ein Hemd auf die Warze Druck ausübte. Organisation, Schatz, sagte Reinhard, und er ist nicht nur billiger bei diesem Großhändler, es ist einfach besserer Tee. Weitere Stella Artois, die Schwüle war mir recht, das Meer lieb und wert, egal Reinhards Seitensprünge durchs Fernglas. Die leicht bekleidete Krake, der vertrauliche Vielfuß, Verruca[2] die Warze. Freust du dich, Schatz? Reinhard war mir jetzt näher. Auf alles, Schatz? Und was man so sagt. Es war nett. Der Mann mit der neukatalanischen Warze bezahlte. Dann verstaute er sein Fernglas in einem etwas abgeschabten Lederetui. Er stand auf. Da stand auch ich auf. Der Mann mit der Warze bahnte sich den besten Weg zwischen den Korbsesseln. Ich hinterher. Er brauchte nicht weiter auf mich zu warten, ich habe kaum gezögert, er wartete, wieder mir zugekehrt, die Warze, das Wappen, er wartete, Reinhard wartete, mein Mann mit der Warze.

(1968)

1 **Antonio Gaudí:** Spanischer Architekt (1852–1926), schuf den neukatalanischen Baustil, eine spanische Variante des Jugendstils, die sich durch geschwungene Linien, ungerade Grundrisse, schräge Bauelemente und florale Motive auszeichnete. Sein bekanntestes Werk ist die Kathedrale der Sagrada Familia in Barcelona.

2 **Verruca vulgaris** (lat.): die Hautwarze

1. Lesen Sie die Kurzgeschichte mehrmals und überlegen Sie, welche Motive besonders wichtig sind.

Spanien – der heimische Garten – das Meer – der Strand – das Wetter – das Bier – der Tee – die Warze – Antonio Gaudí – das Fernglas – der Polyp – die Hühnerhaut – die Bierkneipenterrasse

2. Markieren Sie wie im Beispiel alle Formulierungen, die die beiden Figuren und die zentralen Motive in Wohmanns Kurzgeschichte betreffen.

Reinhard am dritten Tag gegen fünf, auf der Bierkneipenterrasse: du wirst deine Arbeit aufgeben. Du wirst einfach kündigen. Es war fast windstill, die Luft feucht. Ich kam aber nicht ganz dahinter, ob es mir richtig behagte. Ich starrte immer weiter den Mann mit der Warze an. Reinhard hob sein Glas, trank mir zu, mit irgendeinem Trinkspruch auf unsere Zukunft. Die Warze sah wie ein Polyp aus. Reinhard schlug vor, so wie jetzt an der See auch später regelmäßig abends spazieren zu gehen. Ja. Warum nicht?

Reinhard in der Perspektive der Ich-Erzählerin
Reaktionen der Ich-Erzählerin
die Warze
das Meer/die Witterung

TIPP

Durch farbige Markierungen können Sie sich die weitere Erschließungsarbeit wesentlich erleichtern.

- **Sie können die einzelnen Aspekte, die später in der schriftlichen Analyse eine wichtige Rolle spielen werden, auf einen Blick überschauen und zuordnen.**
- **Sie können auch Veränderungen schnell wahrnehmen, die ein Motiv (wie z. B. hier das der Warze) im Verlauf der Erzählung erfährt, oder zusätzliche Bedeutungen (Konnotationen) erkennen, mit denen es aufgeladen wird.**
- **Sie haben einen präzisen Zugriff auf Textbelege, wenn es beim Schreiben darum geht, aussagekräftige Zitate zu finden.**

Siehe Konspektmethode → S. 7

Auch bei literarischen Texten lässt sich die Konspektmethode anwenden, wenn Sie den Inhalt und Aufbau klären wollen.

Ein Beispiel

JOHANN CHRISTIAN GÜNTHER (1695–1723)

Als er der Phillis einen Ring mit einem Totenkopfe überreichte

Erschrick nicht vor dem Liebeszeichen,
Es träget unser künftig Bild,
Vor dem nur die allein erbleichen,
Bei welchen die Vernunft nichts gilt.
Wie schickt sich aber Eis und Flammen?
Wie reimt sich Lieb und Tod zusammen?
Es schickt und reimt sich gar zu schön,
Denn beide sind von gleicher Stärke
Und spielen ihre Wunderwerke
Mit allen, die auf Erden gehn.

Ich gebe dir dies Pfand zur Lehre:
Das Gold bedeutet feste Treu,
Der Ring, dass uns die Zeit verehre,
Die Täubchen, wie vergnügt man sei;
Der Kopf erinnert dich des Lebens,
Im Grab ist aller Wunsch vergebens,
Drum lieb und lebe, weil[1] man kann,
Wer weiß, wie bald wir wandern müssen!
Das Leben steckt im treuen Küssen,
Ach, fang den Augenblick noch an!
(1721)

1 „weil“: solange

```
1.   das „Bild“ des Ringes

1.1 Anrede an die Geliebte:
    kein Erschrecken vor dem Tod

1.2 Fingierte Fragen nach der Vereinbar-
    keit von Tod und Liebe
1.3 Antwort: als Schicksalsmächte beide
    unausweichlich

2.   die Lehre
```

3. Lesen Sie das Gedicht.

4. Markieren Sie wichtige Textstellen farbig. Überlegen Sie vorher, welche Farben Sie welchen wesentlichen Textelementen sinnvoll zuordnen könnten.

5. Setzen Sie in der rechten Spalte die Gliederungsübersicht fort.

Aufgabenanalyse

Im Rahmen des Zentralabiturs kommt es darauf an, mit einer exakt formulierten Aufgabenstellung eine möglichst große Eindeutigkeit zu erreichen. Besonders wichtig sind dabei die Handlungsanweisungen, die im Prädikat zum Ausdruck kommen: Sie müssen genau definiert sein, damit alle Schüler und Schülerinnen bei demselben Auftrag auch ein und dieselbe Handlung ausführen.

Operatoren exakt umsetzen

ABI

Operatoren sind Arbeitsanweisungen. Sie werden mit Schlüsselwörtern formuliert, die eine Aufforderung enthalten wie z. B. „erläutern Sie …", „stellen Sie dar", „begründen Sie".

Operatoren haben den Zweck, so exakt und eindeutig wie möglich die Aufgabe zu bestimmen, die in der Klausur erfüllt werden soll. Vor allem im Abitur müssen die erwarteten Leistungen klar formuliert sein, damit die Bewertung auf einer allgemeingültigen Grundlage erfolgen kann.

Aus diesem Grund veröffentlichen die Schul- oder Kultusministerien der Bundesländer ihre Operatoren auf ihren „Bildungsservern" im Internet.

Was bedeutet das für Sie?

- **Die Operatoren sagen Ihnen, welche Tätigkeiten bei der Lösung einer Aufgabe von Ihnen erwartet werden.**
- **Durch einen konsequenten Umgang mit Operatoren können Sie verhindern, dass Sie Aufgabenstellungen falsch verstehen.**
- **Sie sollten sich schon frühzeitig mit den Operatoren und ihren Definitionen befassen, damit Sie in der Prüfungssituation wissen, was Sie zu tun haben – ohne lange darüber nachdenken zu müssen.**

Die Operatoren sind nach drei „Anforderungsbereichen" geordnet:

- Anforderungsbereich I: Wiedergabe von Kenntnissen
- Anforderungsbereich II: Anwenden von Kenntnissen
- Anforderungsbereich III: Problemlösen und Werten

Hier nur je ein Beispiel für jeden Anforderungsbereich. Weitere Operatoren finden Sie im vorderen Umschlag.

Siehe Operatorenliste → vorderer Umschlag

Operator	*festgelegte Bedeutung*	*Beispiel*
Anforderungsbereich I		
beschreiben	Textaussagen oder Sachverhalte in eigenen Worten strukturiert und fachsprachlich richtig aufnehmen	„Beschreiben Sie den Aufbau des Gedichts …"; „… was der Verfasser des Textes unter … versteht."
Anforderungsbereich II		
erklären	Textaussagen, Sachverhalte auf der Basis von Kenntnissen und Einsichten differenziert darstellen	„Erklären Sie das Verhalten der Figur … in dem Drama … unter Berücksichtigung ihrer Situation und ihres sozialen Standes."
Anforderungsbereich III		
begründen	ein Analyseergebnis, Urteil, eine Einschätzung, eine Wertung fachlich und sachlich absichern (durch einen entsprechenden Beleg, Beispiele, eine Argumentation)	„Begründen Sie Ihre eigene Auffassung aufgrund Ihrer Erfahrung als Leser(in) …"

ABI

Bei der Bewertung der Prüfungsleistung werden *alle* Teilaufgaben bepunktet. Es zahlt sich deshalb nicht aus, wenn man einzelne Teilaufgaben aus den unteren Anforderungsbereichen überspringt (weil sie vielleicht als ‚zu einfach' erscheinen).

In der Bewertung entfallen ca. 70 % auf die „Verstehensleistung", die in die oben erklärten Anforderungsbereiche untergliedert ist.

Die Darstellungsleistung (Aufbau, Gedankenführung, Verwendung von Fachbegriffen, sachgerechtes Zitieren, angemessener Stil, sprachliche Richtigkeit) umfasst 25–30 % der Gesamtleistung und wird unabhängig von den Anforderungsbereichen bewertet.

Die Note „ausreichend" wird in der Regel mit 45–50 % der maximalen Gesamtpunktzahl erreicht, die Note „gut" mit 75 %.

Übergeordnete Operatoren eingrenzen

Die beiden Operatoren „analysieren" und **„interpretieren"** sind wohl am häufigsten in Aufgabenstellungen vertreten. Es handelt sich um **„übergeordnete" Operatoren oder „Leitoperatoren", die Leistungen in allen drei Anforderungsbereichen verlangen.** Was jedoch unter den Begriffen „analysieren" und „interpretieren" zu verstehen ist, darüber herrscht einige Verwirrung. Sie werden in den einzelnen Bundesländern, aber auch innerhalb der Lehrerschaft sehr unterschiedlich verwendet.

ABI

Oft ist im Schulalltag folgende Unterscheidung anzutreffen:

Analyse (griechisch: „Auflösung, Zerlegung") wird als der erste Schritt zur Interpretation literarischer Texte verstanden. Sie bezeichnet die systematische Untersuchung des Textes, die diesen in seine Bestandteile zerlegt und diese Bestandteile auswertet, ordnet und in einen Zusammenhang bringt.

Die Interpretation (lateinisch: „Auslegung", „Erklärung", „Übersetzung") umfasst die Analyse, geht aber in einem ganzheitlichen Prozess der Sinnentfaltung darüber hinaus. Im Sinne der hermeneutischen Methode bringt das Subjekt sich selbst in den Verstehensprozess ein. Die Interpretation eröffnet damit einen Deutungsspielraum oder stellt Zusammenhänge (Kontexte) her, die über den Text hinausführen.

Die Unterscheidung von „analysieren" und „interpretieren" gilt in den Abituraufgaben der meisten Länder nicht. Die beiden Begriffe werden hier oft bedeutungsgleich verwandt. Wenn also z. B. in NRW im Abitur bei literarischen Aufgabenstellungen der Operator „analysieren" erscheint, werden zusätzlich sowohl eine Deutung als auch die Einbeziehung von Kontexten verlangt.

Um Missverständnisse auszuschließen, gebrauchen einige Bundesländer immer beide Begriffe zusammen, wenn literarische Texte analysiert/interpretiert werden sollen. Andere Länder ersetzen die uneindeutigen Begriffe durch den Operator „erschließen".

In diesem Arbeitsheft wird im Zusammenhang mit literarischen Texten immer von analysieren/interpretieren gesprochen!

Bei Sachtexten hingegen heißt der übergeordnete Operator einzig und allein „analysieren", weil es hier ausschließlich um das Verstehen der Inhalte, die systematische „Zerlegung" des Textes in seine einzelnen Komponenten und deren Vernetzung geht.

In diesem Sinne benutzen die bundesweit gültigen „Einheitlichen Prüfungsanforderungen im Fach Deutsch" „interpretieren" nur für literarische Texte, „analysieren" nur für Sachtexte.

Klausurüberarbeitung

→ Lösungsheft S. 3–4

Die eigenen Texte angemessen oder gar objektiv einzuschätzen fällt niemandem leicht. Vor allem im unmittelbaren Anschluss an den Schreibprozess fehlt dazu die nötige Distanz. Als Verfasser sind wir mehr als „befangen", denn der Text ist das Ergebnis unserer Gedankenarbeit – als wäre er ein Stück von uns. Oft sind wir nach der Abgabe einer Klausur oder Prüfungsarbeit von unserem Produkt ausgesprochen überzeugt, geradezu darin verliebt, und wundern uns oder fühlen uns sogar ungerecht beurteilt, wenn wir später die Korrektur und die Bewertung durch den Lehrer oder die Lehrerin in Händen halten.

Woran liegt das? Man spricht in diesem Zusammenhang von „selektiver Wahrnehmung". Mit besonderer Vorliebe blenden wir unangenehme Wahrnehmungen aus, wenn es um uns selbst geht. Wir schauen dann, ohne zu sehen.

Auch professionelle Schreiber kommen deshalb ohne eine wichtige Korrekturinstanz nicht aus: den Lektor. Der Lektor soll den Autor nicht nur vor „Schnitzern" bewahren, sondern auch die Lücken ausfüllen, die sich in der subjektiven Wahrnehmung des Autors automatisch einstellen, wenn er seinen eigenen Text liest. Wer würde sich einen solchen Lektor in einer Prüfungssituation nicht herbeiwünschen?

Tatsächlich sind Sie aber als Prüfling gezwungen, Ihr eigener Lektor zu sein. Das ist schwierig und auch nur zum Teil zu verwirklichen. Denn es bedeutet ja, dass Sie die Perspektive vom befangenen Verfasser zum kritischen Leser wechseln müssen.

Distanz gewinnen

Versuchen Sie zunächst einmal, eine solche distanzierte Einstellung zu der folgenden Einleitung aus einer Schülerklausur einzunehmen.

In dem Gedicht „Als er der Phillis einen Ring mit einem Totenkopfe überreichte" von Johann Christian Günther, welches 1721 verfasst wurde werden 2 bedeutsame Themen hervorgehoben: Das Leben und damit das Liebesleben eingeschlossen und der Tod.

Günther beschreibt anfangs, also von Zeile 1-20 die Begriffe Liebe und Tod, und vergleicht diese miteinander. Dafür verwendet er Metaphern, wie Eis und Flammen, die verbildlichen sollen, wie unterschiedlich, jedoch durch ihre Stärke auch gleich sind. Hierbei steht Eis für den Tod, da er genauso kalt und gefühlslos ist. Die Flammen hingegen stehen für die Liebe, die aufregend und emotional warm ist. Diese Antithese zeigt also, wie unterschiedlich und zugleich gleich die Begriffe zueinander stehen. In dem darauf folgenden Teil, also von Z. 11-20 wird näher auf den Ring eingegangen, den das lyrische Ich Phillis geschenkt hat. Außerdem wird zum Ende hin der Schwerpunkt auf den Tod gelegt.

1. Unterstreichen Sie alle Formulierungen, die Sie sprachlich oder sachlich für falsch halten, und kennzeichnen Sie diese Fehler mit den Ihnen bekannten Korrekturzeichen.

2. Falls Sie eine eigene Deutsch-Klausur zur Hand haben, untersuchen Sie Ihre Einleitung in derselben kritischen Weise (und unabhängig von den Korrekturen Ihres Lehrers).

Fehleranalyse

Generell gilt die Regel: Nach der Klausur ist vor der Klausur. Die Vorbereitung auf die Abiturklausur beginnt weit im Vorfeld, auch wenn es um das Thema Textüberarbeitung geht. Es hilft Ihnen nicht weiter, wenn Sie nur einen vagen Eindruck von Ihren individuellen Stärken und Schwächen beim Verfassen von Deutschklausuren haben. Wichtig ist, dass Sie schon früh beginnen, Ihre Probleme bei der Verstehens- und der Darstellungsleistung einzugrenzen und zu diagnostizieren.

TIPP

Klausuren gehören nach der Rückgabe nicht in den Papierkorb!

Vom Lehrer oder der Lehrerin korrigierte und kommentierte Klausuren sind für Sie eine ergiebige Fundgrube, mögen Sie sich auch noch so sehr über die Zensur geärgert haben.

Wenn Sie Ihre alten Klausuren auswerten, gewinnen Sie einen systematischen Überblick über Ihre Fehlerschwerpunkte, an deren Verbesserung Sie arbeiten können. Außerdem gelangen Sie zu Kriterien, mit deren Hilfe Sie in Klausuren Ihre Schwachstellen genau ins Auge fassen können.

1. Untersuchen Sie die Randbemerkungen und die Kommentare des Deutschlehrers/der Deutschlehrerin unter Ihren Klausuren und tragen Sie die zentralen Informationen in die Tabelle ein:

Siehe Aufsatzarten → S. 4 f.

Halbjahr	*Aufsatzart*	*Kommentare* *1. Begründungen für die Note* *a. Stärken* *b. Schwächen* *2. Ratschläge für zukünftige Klausuren*
		1. a. ____ b. ____ 2. ____
		1. a. ____ b. ____ 2. ____
		1. a. ____ b. ____ 2. ____
		1. a. ____ b. ____ 2. ____

2. Erfassen Sie nun die Korrekturzeichen am Rand der Klausuren tabellarisch und stellen Sie fest, wo Ihre Fehlerschwerpunkte liegen.

Siehe Korrekturzeichen → S. 19

Art des Fehlers	*Klausur 1*	*Klausur 2*	*Klausur 3*	*Klausur 4*
Aufbau und Gedankenführung				
Denkfehler				
sachlicher Fehler				

Art des Fehlers	*Klausur 1*	*Klausur 2*	*Klausur 3*	*Klausur 4*
fehlender Absatz				
fehlende Begründung				
Ausdruck und Satzbau				
Wortwahl				
Ausdruck				
unnötiges Füllwort				
Wiederholung				
Beziehung				
Satzbau				
Wortstellung				
Grammatik und Rechtschreibung				
Grammatikfehler				
Tempus				
Modus				
Zitierfehler				
Orthografie, Interpunktion				

Textlupe

Ein wichtiges Mittel, um bei der konkreten Textkorrektur die Wahrnehmungsschärfe zu erhöhen, ist die Aufgliederung des Korrekturvorgangs in mehrere Einzelabläufe, bei denen immer ein Schwerpunkt für die Aufmerksamkeit gesetzt wird. Sukzessive werden ausschließlich einzelne Bauelemente des Textes „unter die Lupe genommen" und andere Aspekte bewusst ausgeblendet.

TIPP

Es empfiehlt sich, den Korrekturvorgang in drei verschiedenen Abläufen zu organisieren:

- **Sprache: Sie kontrollieren, ob Ihre Formulierungen sich an den sprachlichen Normen orientieren (Sprachprüfung).**
- **Sache: Sie überprüfen ausschließlich die sachliche Richtigkeit der Argumentation oder der Analyse (Plausibilitätsprüfung).**
- **Struktur: Sie konzentrieren sich auf die „Kohärenz" des Gedankengangs: den Aufbau, die Reihenfolge der Gedankenschritte, die sinnvolle Integration der Zitate in den Gedankengang (Kohärenzprüfung).**

Im Folgenden werden Sie alle drei Korrekturvorgänge anhand einer vollständigen schriftlichen Gedicht-Analyse durchlaufen. Das ist ein umfangreicher Prozess, für den Sie sich Zeit lassen sollten. Denn es ist wichtig, dass sich dieses Verfahren „automatisiert", also in Fleisch und Blut übergeht, damit Sie es auch in Stress-Situationen anwenden können.

Auf der folgenden Seite finden Sie die Klausur einer Schülerin (11. Jahrgangsstufe). Die Aufgabe lautete: Analysieren/interpretieren Sie Johann Christian Günthers Gedicht *Als er der Phillis einen Ring mit einem Totenkopfe überreichte*.

Johann Christian Günther *Als er der Phillis einen Ring mit einem Totenkopfe überreichte*

→ S. 12

Johann Christian Günthers Gedicht „Als er der Phillis einen Ring mit einem Totenkopfe überreichte" stammt aus dem Jahre 1721 und gehört in die Zeit des Spätbarock. Das Gedicht hat 20 Zeilen mit abwechselnd einem Kreuzreim, einem Paarreim und einem umarmendem Reim. Es handelt davon, dass das lyrische Ich einem Mädchen einen Ring schenkt, auf dem ein Totenkopf zu sehen ist. Das lyrische Ich erklärt, was der Totenkopf repräsentiert und beschreibt dadurch die Vanitas, also die Vergänglichkeit des Lebens.

Am Anfang des Gedichtes versucht das lyrische Ich sich für sein Geschenk zu rechtfertigen. Der Sprecher möchte die Menschen auffordern, ihr Leben zu genießen, denn der Totenkopf „träget unser künftig Bild" (Z. 2). Das Gedicht widerspiegelt also das Carpe diem. Die zwei rethorischen Fragen in Zeile 5 und 6 sind gegensätzlich: „Eis und Flammen" und „Lieb und Tod" sind Antithesen, die jedoch beide an die Vergänglichkeit des Lebens erinnern sollen. Sie gehören zueinander: durch das Oxymoron wird dem Leser gezeigt, dass das Eine ohne das Andere gar nicht existieren könnte.

So rechtfertigt das lyrische Ich sein gewöhnungsbedürftiges Geschenk. Das Gedicht ist eine Erklärung für den Ring mit dem Totenkopf. Möglicherweise möchte es damit zeigen, dass alles auf der Erde ein „Wunderwerk" ist, dass man alles schätzen und ehren soll. Auch der Ring ist ein Wunder und wird mit vielen Metaphern gedeutet, die dem Leser seine Einzigartigkeit demonstrieren sollen. So heißt es in Zeile 12, dass der Ring aus Gold gemacht ist, und das Gold wird als Bild der Treue gedeutet; denn Gold zählt zu den beständigsten Metallen. Die Taube (Z. 14) ist ein Symbol des Friedens, und Friede hat Vergnügtheit und Freude zur Folge. „Der Kopf erinnert dich des Lebens" (Z.15): Er erinnert den Träger daran, das Leben zu ehren und mit Respekt zu behandeln. Doch ehrt man das Leben nicht genug, wird es einem im „Grab" leidtun, denn dort „ist aller Wunsch vergebens" (Z. 16). Der Tod kann nicht widerrufen werden.

Die letzten vier Zeilen des Gedichts beinhalten einen Ratschlag, den sich jeder Mensch zu Herzen nehmen sollte, da er nicht weiß, „wie bald wir wandern müssen" (Z.18). Die Zeilen beinhalten einen Aufruf, sich selbst einen Gefallen zu tun, sein Leben so sinnvoll und glücklich wie möglich zu gestalten. Diejenigen, die es bis jetzt nicht so gelebt haben, sollten im „Augenblick" (Z. 20) damit anfangen und keine Zeit vergeuden. Dieser Appell wird durch eine Apostrophe verstärkt, die den Leser oder die Betroffenen dazu auffordern soll, ihr Leben selber in die Hand zu nehmen und nicht vor dem Gedanken an den Tod zu „erbleichen" (Z. 3).

Aufgrund des Reimschemas kann man das Gedicht in zwei Strophen gliedern. Das Reimschema von Zeile 1–10 (ababccdeed) wird in den Zeilen 11–20 wieder aufgegriffen. Die erste Strophe schildert die Situation (die Übergabe des Rings) und stellt die Lehre des lyrischen Ichs in den Mittelpunkt, die zweite Strophe legt die Bilder des Rings aus und zieht die Schlussfolgerungen, vor allem die, sofort mit dem Küssen anzufangen.

Meiner Meinung nach ist das Gedicht sehr positiv, auch wenn es ein eher tristes und dunkles Thema behandelt. Es ist klar erkennbar, dass das Gedicht am Ende der Barockzeit geschrieben wurde, da es Hoffnung zeigt, die die Menschen zur Zeit des Dreißigjährigen Krieges nicht hatten. Es ist der Beginn der Vernunft und der Toleranz.

1. Überprüfen Sie in der Klausur auf S. 18 zunächst die **sprachliche Richtigkeit und Angemessenheit** und korrigieren Sie mit den angegebenen Zeichen (oder schreiben Sie gleich die richtige Form an den Rand):
   - Rechtschreibfehler (R)
   - Zeichensetzungsfehler (Z)
   - formale Zitierfehler (Zit)
   - Grammatikfehler (Gr)
   - Wortwahl, Ausdruck (W, A)
   - Satzbau (Sb)

2. Überprüfen Sie nun die **Plausibilität** der Analyseergebnisse. Mögliche Leitfragen:
   - Wird eine klare These formuliert?
   - Wird die These begründet?
   - Belegen die Argumente die These?
   - Sind die Beispiele/Belege/Zitate den Argumenten sinnvoll zugeordnet und stützen sie die zentralen Thesen?
   - Wird die Deutung durch die Einbeziehung von Kontexten differenziert und vernetzt?
   - Sind Begriffe und Fachtermini richtig verwendet?

3. Analysieren Sie zum Schluss die **Kohärenz** des Textes, indem Sie sich an folgenden Leitfragen orientieren.
   - Ist die Gliederung stimmig?
   - Wird sie eingehalten?
   - Ist der Text aus sich heraus verständlich?
   - Gibt es einen roten Faden?
   - Sind die Ergebnisse schlüssig miteinander verknüpft?
   - Wird eine einheitliche, sachlich-analytische Stilebene eingehalten oder gibt es Stilbrüche?

4. Versuchen Sie, die Klausur als ganze einzuschätzen und zusammenfassend zu bewerten.

Klausurüberarbeitung im Abitur

Leider berücksichtigen die Abiturvorschriften aller deutschen Bundesländer zu wenig die Gesetze sowohl des alltäglichen als auch des professionellen Schreibens. „Vorschreiben" oder Experimentieren ist in Klausursituationen ebenso wenig möglich wie langes Reflektieren über das Thema oder den vorgelegten Text. Was für die Vorarbeit gilt, trifft nicht minder auf die Nachbereitung zu. Selbst unter Schriftstellern gibt es nur ganz wenige „Kopfarbeiter", also solche, die ihren Text gewissermaßen druckfertig im Kopf haben, bevor sie zu schreiben beginnen. Die meisten sind „Papierarbeiter"; sie stellen ein, zwei, drei und mehr Versuche auf dem Papier an, schreiben selbst umfangreiche Romane zigmal um, korrigieren, streichen, erweitern, komponieren neu und suchen immer wieder nach dem treffenden Ausdruck. Nur so können perfekte Texte entstehen. Ganz anders im Abitur.

Im Abitur befinden Sie sich in einer völlig untypischen Situation. Aufgrund der Zeitbeschränkung sind Sie gezwungen, nach einer raschen Texterfassung und einer mehr oder weniger flüchtig hingeworfenen Stoffsammlung und Gliederung sofort mit der „Reinschrift" zu beginnen. Das Umwerfen einer einmal beschlossenen Gliederung ist während des Schreibens kaum praktikabel, und auch für sonstige Korrekturen bleibt kümmerlich wenig Zeit.

ABI

Textüberarbeitung in (Abitur-) Klausuren

Eine intensive Überarbeitung ist im Abitur in der Regel nicht durchführbar.
Meist zieht der Prüfling daraus die falsche Schlussfolgerung: nämlich ganz auf die Textredaktion zu verzichten und die wenige verbleibende Zeit zur inhaltlichen Ergänzung und Ausweitung zu nutzen. Sinnvoller wäre es:
- **schon bei der Schreibplanung mindestens 10 Minuten für eine letzte Durchsicht zu reservieren.**
- **nicht drauflos zu schreiben und die Korrektur auf die Zeit nach dem Klingeln zu verschieben, sondern nach Abschluss jedes Gedankenganges (Abschnitts) den Text zu überlesen. Dieses Vorgehen dient nicht nur der Korrektur des schon Geschriebenen, sondern auch der Kohärenz des Ganzen. Der Anschluss des neuen Gedankenganges gelingt leichter, und Wiederholungen werden vermieden.**
- **die wenigen Minuten der letzten Durchsicht nicht mit Korrektur von Flüchtigkeitsfehlern, Fehlern in der Rechtschreibung und Zeichensetzung zu vergeuden – es sei denn, Sie haben in diesem Bereich gravierende Probleme. Ansonsten konzentrieren Sie sich auf die Kontrolle der Plausibilität und der Kohärenz.**

Analyse/Interpretation epischer Texte

Isabelle Huppert als Madame Bovary in Claude Chabrols Film *Madame Bovary*, 1991

Die ehemalige Klosterschülerin Emma Rouault heiratet den braven Landarzt Charles Bovary.
Die öde französische Provinz und der zwar liebevolle, aber banale, geradezu dumpfe Ehemann können ihre Erwartungen an ein ereignisreiches, auch erotisch aufregendes Leben nicht erfüllen.
Mme. Bovary flüchtet in kitschige Romane, die ihre Fantasie mit Wunschbildern so beflügeln, dass sie am Ende die schöne, fiktive Welt ihrer Liebesgeschichten von ihrer realen, durch gesellschaftliche Zwänge geprägten Umgebung nicht mehr unterscheiden kann. Wie die empfindsamen Frauen ihrer Romane beginnt sie, ehebrecherische Beziehungen mit verschiedenen Liebhabern einzugehen. Als sie erkennt, dass ihre Liebhaber-Helden in Wahrheit fade Gewohnheitsmenschen sind, vergiftet sie sich mit Arsen und stirbt einen brutalen Tod.
So erzählt Gustave Flaubert in seinem Roman *Madame Bovary* (1856). Noch heute ist der „Bovarismus" in Frankreich sprichwörtlich. Er bezeichnet die Unfähigkeit, zwischen Fiktion und Realität zu unterscheiden. Die Faszination wie auch die Gefahr des Erzählens liegen ja darin, dass eine erfundene Welt simuliert und der Leser verführt wird, lesend in ihr und mit ihren fiktiven Figuren zu leben – ein Vorgang, der vom Surfen in den virtuellen Welten des Internets nicht wesentlich unterschieden ist. Dem „Bovarismus" sind auch heute noch viele Amateur-Leser verfallen. Sie fühlen sich in die Figuren ein und identifizieren sich rückhaltlos mit ihnen.
Der professionelle Leser jedoch, der erzählende Texte nicht nur zur Unterhaltung liest, schaut anders auf die fiktive Wirklichkeit: Er schafft Distanz, indem er den Text zum Gegenstand seiner Analyse und seines Schreibens macht. Gleichzeitig muss er aber genügend Einfühlungsvermögen besitzen, um die Charaktere, ihre Motive und Handlungen nachvollziehen zu können. Dieser Spagat zwischen Einfühlung und Distanzierung wird auch in der Schule erwartet: vor allem dann, wenn eine Klausuraufgabe die Analyse/Interpretation eines epischen Textes verlangt.

Aus diesem Grund will das folgende Kapitel

- **Ihnen helfen, Ihr Wissen über erzählende Texte einzuschätzen und aufzufrischen,**
- **Ihnen die Fachbegriffe ins Bewusstsein rufen, die man braucht, um epische Gestaltungsmittel zu erkennen und zu beschreiben,**
- **Ihnen zeigen, wie man Schritt für Schritt einen epischen Text erschließt,**
- **mit Ihnen zusammen die sinnvollen Arbeitsschritte hin zu einem gelungenen Interpretationsaufsatz gehen,**
- **Ihnen ermöglichen, eine offizielle Abituraufgabe zu bearbeiten und Ihre Übungsklausur selbstständig zu bewerten.**

Aufgaben zur Selbsteinschätzung

→ Lösungsheft S. 4–5

Hier können Sie Ihr Vorwissen zu den Grundbegriffen der Erzähltheorie aktivieren und Ihre Kenntnisse selbst überprüfen.

Günter Grass' Roman *Die Blechtrommel* (1959) beginnt mit den Worten:

Zugegeben: ich bin Insasse einer Heil- und Pflegeanstalt, mein Pfleger beobachtet mich, läßt mich kaum aus dem Auge; denn in der Tür ist ein Guckloch, und meines Pflegers Auge ist von jenem Braun, welches mich, den Blauäugigen, nicht durchschauen kann. Mein Pfleger kann also gar nicht mein Feind sein. Liebgewonnen habe ich ihn, erzähle dem Gucker hinter der Tür, sobald er mein Zimmer betritt, Begebenheiten aus meinem Leben, damit er mich trotz des ihn hindernden Guckloches kennenlernt.

Text in alter Rechtschreibung

1. Formen Sie den Romananfang in eine auktoriale Er-Erzählung um.

2. Beschreiben Sie, worin sich die Ich-Erzählung von Ihrer auktorialen Er-Erzählung unterscheidet.

Ich-Erzählung	*auktoriale Er-Erzählung*
	distanziert
	Kommentare, klare moralische Urteile, aus überlegener, ‚objektiver' Warte
	Erzählen als Überprüfung von Schuld oder Unschuld
	Innensicht auch in andere Figuren
	Anspruch auf Glaubhaftigkeit

3. Erklären Sie an diesem Beispiel, warum Autor und Erzähler nicht identisch sind.

4. Ordnen Sie die verschiedenen Formen der Rede- und Gedankenwiedergabe den folgenden Beispielen aus der Literatur zu und notieren Sie stichwortartig, welche Wirkungen und Merkmale die jeweilige Form der Rede- und Gedankenwiedergabe hat.

a

Die Sehnsucht nach Tat, Sieg und Macht, die Begier, das Glück auf die Knie zu zwingen, flammte kurz und heftig in seinen Augen auf. Er [Thomas Buddenbrook] fühlte die Blicke aller Welt auf sich gerichtet, erwartungsvoll, ob er das Prestige der Firma, der alten Familie zu fördern und auch nur zu wahren wissen werde.

b

„Amen", sagte sie [die achtjährige Antonie Buddenbrook], „ich weiß was, Großvater!"
„Tiens! Sie weiß was!" rief der alte Herr und tat, als ob ihn die Neugier im ganzen Körper plage. „Hast du gehört, Mama? Sie weiß was! Kann mir denn niemand sagen ..."
„Wenn es ein warmer Schlag ist", sprach Tony und nickte bei jedem Wort mit dem Kopfe, „so schlägt der Blitz ein. Wenn es aber ein kalter Schlag ist, so schlägt der Donner ein!"

c

Herr Buddenbrook aber war böse auf diese Weisheit, er verlangte durchaus zu wissen, wer dem Kinde diese Stupidität beigebracht habe, und als sich ergab, Ida Jungmann, die kürzlich für die Kleinen engagierte Mamsell aus Marienwerder, sei es gewesen, musste der Konsul diese Ida in Schutz nehmen.

d

Wie lange wird denn das noch dauern? Ich muss auf die Uhr schauen ... schickt sich wahrscheinlich nicht in einem so ernsten Konzert. Aber wer sieht's denn? Wenn's einer sieht, so passt er gerade so wenig auf, wie ich, und vor dem brauch' ich mich nicht zu genieren ... Erst viertel auf zehn? ... Mir kommt vor, ich sitz' schon drei Stunden in dem Konzert. Ich bin's halt nicht gewohnt ... Was ist es denn eigentlich? Ich muss das Programm anschauen ... Ja, richtig: Oratorium? Ich hab' gemeint: Messe. Solche Sachen gehören doch nur in die Kirche! Die Kirche hat auch das Gute, dass man jeden Augenblick fortgehen kann.

e

K. lebte doch in einem Rechtsstaat, überall herrschte Friede, alle Gesetze bestanden aufrecht, wer wagte ihn in seiner Wohnung zu überfallen? Er neigte stets dazu, alles möglichst leicht zu nehmen, das Schlimmste erst beim Eintritt des Schlimmsten zu glauben, keine Vorsorge für die Zukunft zu treffen, selbst wenn alles drohte. Hier schien ihm das aber nicht richtig, man konnte zwar das ganze als Spaß ansehn, als einen groben Spaß, den ihm aus unbekannten Gründen, vielleicht weil heute sein dreißigster Geburtstag war, die Kollegen in der Bank veranstaltet hatten [...].

f

frsiiiiiiifronnnng ein Zug irgendwo der pfeift also was diese Lokomotiven für Kraft in sich haben wie große Riesen und das Wasser läuft auf allen Seiten über sie und aus ihnen raus wie am Schluß von Loves old sweet sonnnng die armen Männer die da draußen sein müssen die ganze Nacht weg von ihren Frauen und Familien in diesen Backöfen von Maschinen zum ersticken wars heute wieder ich bin froh daß ich die Hälfte der alten Freemans und Photo Bits verbrannt hab wo er die Sachen immer so rumliegen läßt

Bewusstseinsstrom	direkte Rede	indirekte Rede
erlebte Rede	Gedankenbericht	innerer Monolog

Basislexikon Erzähltextanalyse

Arbeitsschritte zum Verfassen einer Analyse/Interpretation

1. Verstehenshypothese formulieren → **2. Text aspektorientiert untersuchen** → **3. These formulieren** → **4. Gliederung erstellen** → **5. Klausur schreiben** → **6. Klausur überarbeiten**

1. Verstehenshypothese formulieren: Diesen Schritt sollten Sie sofort tun, nachdem Sie den Text einmal gelesen haben: Die ersten Einfälle sind meist die besten.

2. Text aspektorientiert untersuchen: Welche Aspekte sinnvoll und lohnend untersucht werden können, hängt vom Text und von der Aufgabenstellung ab. Sie sollten also den Text noch einmal gründlich lesen (Basistraining, S. 7–12) und die Aufgabenstellung analysieren (Basistraining, S. 13–14), bevor Sie sich auf Untersuchungsaspekte festlegen. Beachten Sie auch den Aspektestern unten.

3. These formulieren: Hier kann eine schriftliche Ausformulierung in einem Satz sinnvoll sein: Je prägnanter Sie Ihre These vor Augen haben, desto leichter fällt es Ihnen später beim Schreiben, einen „roten Faden" in Ihre Klausur zu bringen.

4. Gliederung erstellen: Für diesen Schritt sollten Sie ausreichend Zeit einplanen: Mit einer detailliert ausgearbeiteten Gliederung kann der eigentliche Schreibprozess leichter bewältigt werden.

5. Klausur schreiben: Lesen Sie jeden neu geschriebenen Absatz einmal durch, bevor Sie weiterschreiben. Fehler können Sie auf diese Weise sofort korrigieren. Außerdem gelingt der Anschluss des neuen Gedankens leichter, und Wiederholungen werden vermieden.

6. Klausur überarbeiten: Unter Klausurbedingungen haben Sie für diesen Schritt selten genügend Zeit. Konzentrieren Sie sich beim abschließenden Durchlesen Ihrer Klausur auf die sachliche Richtigkeit und den „roten Faden".

Mögliche Aspekte zum Erschließen eines epischen Textes

Mögliche Aspekte zum Erschließen eines epischen Textes

textimmanent

- Erzähler
- Erzählform
- Erzählverhalten
- Darstellungsform
- Handlung
- Figurengestaltung/Figurenkonstellation
- Formen der Rede- und Gedankenwiedergabe
- Raumgestaltung
- Zeitgestaltung
- Motive
- Sprache und Stil
- Bildlichkeit
- episches Genre

textüberschreitend

- historische Epoche: politisch-soziale und geistesgeschichtliche Situation
- literaturgeschichtlicher Zusammenhang: Gattungsgeschichte und literarische Epoche
- Biografie und Werk des Autors
- Perspektive des Rezipienten: Gegenwarts- und Lebensweltbezug

Autor – Erzähler

Autor und **Erzähler** sind nicht identisch. Der reale Autor erschafft eine Erzählstimme, die manchmal, aber nicht immer als fiktive Erzählerfigur zu identifizieren ist. Die Werte und die Weltsicht, die implizit oder explizit durch diese Erzählstimme vermittelt werden, dürfen nicht mit den tatsächlichen Ansichten des Autors gleichgesetzt werden.

Erzählformen

Der Autor wählt mit dem Erzähler auch eine bestimmte Erzählform. Der **Er-/Sie-Erzähler** redet über seinen Protagonisten in der Er- oder Sie-Form. Beim **Ich-Erzähler** sind Protagonist und Erzähler identisch: Das „Ich" fungiert sowohl als erlebende Figur (erlebendes Ich) als auch als erzählende Stimme (erzählendes Ich).

Erzählverhalten

	auktorial	*personal*	*neutral*
Standort	Erzähler steht über dem erzählten Geschehen („Vogelperspektive")	Erzähler ist über seine Reflektorfigur (die Figur, aus deren Perspektive er erzählt) am Geschehen unmittelbar beteiligt („Normalsicht")	Erzähler steht an einem fixen Punkt außerhalb des Geschehens („Kamera-Auge")
Wissen	Erzähler kennt Hintergründe, Zusammenhänge und den Ausgang des fiktiven Geschehens	Erzähler weiß nur das, was seine Reflektorfigur über das Geschehen weiß	Erzähler weiß nur das, was von außen zu sehen ist
Innensicht	Erzähler kann die Innenperspektive aller Figuren annehmen	Erzähler kennt nur das Innere seiner Reflektorfigur	Erzähler hat überhaupt keine Innenperspektive
Wertung	Erzähler kann das Gesamtgeschehen kommentieren und bewerten	Erzähler ist an die Weltauffassung seiner Reflektorfigur gebunden	Erzähler wertet nicht, erzählt sachlich und „neutral"

Darstellungsformen

Bericht	geraffte Darstellung des Geschehens in zeitlicher Reihenfolge
Beschreibung	anschauliche Darstellung von Schauplätzen, Figuren, Gegenständen
szenische Darstellung	der Darbietung im Drama angenäherte, zeitdeckende Erzählweise, in der der Dialog wie auf einer imaginären Bühne dargestellt wird
Kommentar	Urteile, Bewertungen, Überlegungen des auktorialen Erzählers, die seinen Standpunkt verraten

Handlung

Komposition des Gesamtgeschehens (das meist auf einem **Stoff** als Ausgangs- und Rohmaterial beruht) durch den Autor. Häufig orientiert an bestimmten **Handlungsmustern**, die sich über Jahrhunderte in der Literatur entwickelt haben (z. B. die abenteuerliche Reise, die unglückliche Liebe, der Kampf gegen das Böse). Man kann unterscheiden zwischen:

- Haupthandlung und Nebenhandlung(en)
- Rahmenhandlung und Binnenhandlung
- äußerer Handlung (Ereignisse) und innerer Handlung (Gefühle und Gedanken)

Der Begriff **Handlung** erzeugt die Erwartung, dass die Figuren aktiv das Geschehen steuern. Vielfach aber verhalten sie sich eher passiv, oder es wird an ihnen gehandelt. Aus diesem Grund wird häufig der Begriff **Plot** bevorzugt.

Figurengestaltung

Ein epischer Text entsteht erst dadurch, dass in einer Erzählung ein Subjekt auftritt, das handelt oder leidet und für das sich ein Leser interessieren kann. Es kann sich dabei um einen fiktiven Menschen, ein (meist mit menschlichen Eigenschaften ausgestattetes) Tier oder ein Fantasiegeschöpf handeln. Die Subjekte innerhalb einer Erzählung heißen Figuren oder Charaktere.

Flache Charaktere

sind Gestalten, die nicht mit vielfältigen Eigenschaften ausgestattet sind, sondern *einen* wesentlichen Charakterzug verkörpern. Entweder repräsentieren sie eine allgemeinmenschliche Eigenschaft – und heißen deshalb **Typen** (z. B. die neugierige Alte) – oder sie sind **Sonderlinge**, die durch einen exzentrischen Wesenszug gekennzeichnet sind (z. B. der Bücherwurm).

Runde Charaktere

weisen eine komplexe Charakterstruktur auf, sind differenziert und realitätsnah dargestellt. Sie geben einen Einblick in die menschliche Psyche und erleben im Laufe der Erzählung oft eine Entwicklung.

Reduzierte Charaktere

In der Moderne hat sich das Menschenbild wesentlich gewandelt. Die Einsicht, dass das Ich keine unproblematische Einheit bildet, sondern immer wieder in verschiedene Komponenten zerfällt, hat auch in der Erzählkunst zu der Erfahrung geführt, dass geschlossene oder sich stetig entwickelnde Charaktere kaum noch glaubwürdig dargestellt werden können. Oft sind die Charaktere in modernen Romanen reduzierte, verkrüppelte oder verfremdete Figuren, manchmal auch bloße Rollenspieler.

Charakterisierung

Literarische Figuren können **direkt** (durch den Erzähler, durch eine andere Figur oder durch die Figur selbst) oder **indirekt** charakterisiert werden, so dass der Leser den Charakter erschließen muss. Eine indirekte Charakterisierung benennt nicht den Charakter der Figur, sondern vermittelt ein Bild von ihr, indem sie z. B. folgende Merkmale und Eigenschaften beschreibt:

Erscheinungsbild	Alter, Aussehen, Kleidung, …
Verhalten	Sprechweise, Mimik und Gestik, Handeln, …
Einstellung	Interessen, Absichten, Gedanken, Gefühle, …
Lebensumstände	gesellschaftliches Umfeld, Beruf, ökonomische Lage, …

Formen der Rede- und Gedankenwiedergabe

Siehe
Beispiele für Formen der Rede- und Gedankenwiedergabe
→ S. 22

direkte Rede

- wörtliche Wiedergabe der Figurenrede
- mit Doppelpunkt und Anführungszeichen
- erzeugt Unmittelbarkeit, wirkt szenisch
- zeitdeckend

indirekte Rede

- Wiedergabe von Äußerungen der Figuren durch den Erzähler
- Konjunktiv I (ersatzweise Konjunktiv II); Einleitung durch ein Verb des Sagens, Meinens oder Denkens
- erzeugt Distanz
- oft zeitraffend

Rede-/Gedankenbericht

- durch den Erzähler wiedergegebene Rede, Gedanken oder Gefühle einer Figur
- kommentierende und wertende Einschübe des Erzählers in den Bericht möglich
- enthält oft Bewusstseinsinhalte, die die Figur nicht preisgeben will oder kann
- zeitraffend

erlebte Rede

- wörtliche, aber nicht direkte Wiedergabe von Gedanken einer Figur
- ohne Anführungszeichen
- oszilliert zwischen direkter Rede und Gedankenbericht: Innensicht, die durch den Erzähler vermittelt wird
- Nähe zur direkten Rede durch Interjektionen, Floskeln, hinweisende Zeit- und Raumadverbien
- Nähe zum Gedankenbericht durch Präteritum und dadurch, dass sich der Erzähler in der Er-Form auf die Figur bezieht

innerer Monolog

- Wiedergabe von unausgesprochenen Gedanken, Assoziationen etc. der Figur
- Innensicht, ohne Vermittlung des Erzählers
- Ich-Form; Präsens als Haupttempus
- Unmittelbarkeit; auf Mitfühlen, Mitdenken des Lesers hin angelegt

Bewusstseinsstrom

- Wiedergabe aller das Bewusstsein einer Figur durchströmenden Inhalte: Spiegelung der Wahrnehmungen, Empfindungen, Assoziationen, Erinnerungen
- Innensicht, direkte Figurenrede, ohne Vorbereitung durch den Erzähler
- Ich-Form; Präsens als Haupttempus
- im Unterschied zum inneren Monolog keine lineare Ordnung, Verzicht auf Strukturierung, Auflösung des syntaktischen Gefüges

Raumgestaltung

Schauplatz, Ort	Schauplatz der Handlung (z. B. Innenraum, öffentlicher Raum, Außenwelt); kann bedeutungskonstituierend sein und Aufschluss über Figurenkonstellationen und Handlungszusammenhänge geben
Ambiente	Darstellung des gesellschaftlichen Lebensstils und der Umwelt (Wohnung, Garten, Wohngegend) einer Figur, spiegelt deren sozialen Status (Kleinbürger, Provinzler etc.) wider
soziales Milieu	die die Figuren prägende, sie bedingende soziale Umgebung: Während das Ambiente weitgehend von der Figur bestimmt wird, bestimmt das Milieu die Figur, ihr Verhalten, Denken, Sprechen
Stimmungsraum	effektvolle Schilderung einer Kulisse, die den Gemütszustand einer Figur unterstreicht; Projektion der inneren Zustände in Witterungsverhältnisse, Landschaftsformen oder Gebäude; oft als Schauerkulisse
symbolischer Raum	nicht nur Untermalung der Handlung, sondern Verdichtung der Thematik einer Erzählung in bedeutungsvollen Raumbildern und (Stadt-)Landschaften, die in symbolischer Weise Verweisfunktion besitzen

Zeitgestaltung

Zeitgestaltung

Erzählzeit:
die Zeit, die man zum Vortragen oder Lesen der erzählten Geschichte braucht (in Minuten oder Seiten)

erzählte Zeit:
der Zeitraum, über den sich das erzählte Geschehen erstreckt – markiert durch Anfang und Ende der Geschichte (in Tagen, Monaten, Jahren)

Zeitdehnung:
Die Erzählzeit ist länger als die erzählte Zeit.

Zeitdeckung:
Die Erzählzeit und die erzählte Zeit sind gleich.

Zeitraffung:
Die Erzählzeit ist kürzer als die erzählte Zeit.

zeitneutrales Erzählen:
Das Geschehen steht still, die Erzählung geht weiter (weil eine Landschaft beschrieben wird, der Erzähler einen Kommentar abgibt, ein Bewusstseinszustand geschildert wird).

Zeitsprung:
Die Erzählung steht still, das Geschehen geht weiter (ein Ereignis wird – z.B. um die Spannung zu erhöhen – ausgespart; radikalste Form der Zeitraffung).

Abweichungen von der Chronologie

Rückblende:
Nachholen zurückliegender Ereignisse – als Erinnerung oder als Erklärung für Ereignisse in der Erzählgegenwart

Vorausdeutung:
Verweis auf künftiges Geschehen

Epische Genres

Epische Genres, z.B.

- Erzählung
- Prosafabel
- Roman
- Kurzgeschichte
- Märchen
- Parabel
- Kalendergeschichte
- Legende
- Sage
- Novelle

Training 1: Analyse/Interpretation einer Parabel

→ Lösungsheft S. 5–7

ARTHUR SCHOPENHAUER (1788–1860)

[Parabel von den Stachelschweinen]

Eine Gesellschaft Stachelschweine drängte sich, an einem kalten Wintertage, recht nahe zusammen, um, durch die gegenseitige Wärme, sich vor dem Erfrieren zu schützen. Jedoch bald empfanden sie die gegenseitigen Stacheln; welches sie dann wieder voneinander entfernte. Wann nun das Bedürfnis der Erwärmung sie wieder näher zusammen brachte, wiederholte sich jenes zweite Übel, so dass sie zwischen beiden Leiden hin und hergeworfen wurden, bis sie eine mäßige Entfernung von einander herausgefunden hatten, in der sie es am besten aushalten konnten. – So …

(1851)

1. Verstehenshypothese formulieren	→	2. Text aspektorientiert untersuchen	→	3. These formulieren	→	4. Gliederung erstellen	→	5. Klausur schreiben	→	6. Klausur überarbeiten

1. Mit dem verknüpfenden „So" leitet Arthur Schopenhauer seine eigene Deutung der Parabel ein. Versuchen Sie zunächst selbst, das von Schopenhauer gewählte Bild zu erklären.

So verhalten sich auch … ______________________________

____

____

____

2. Vergleichen Sie Ihre eigene Lösung mit der des Autors.

… So treibt das Bedürfnis der Gesellschaft, aus der Leere und Monotonie des eigenen Innern entsprungen, die Menschen zu einander; aber ihre vielen widerwärtigen Eigenschaften und unerträglichen Fehler stoßen sie wieder voneinander ab. Die mittlere Entfernung, die sie endlich herausfinden, und bei welcher ein Beisammensein bestehn kann, ist die Höflichkeit und feine Sitte. Dem, der sich nicht in dieser Entfernung hält, ruft man in England zu: keep your distance! – Vermöge derselben wird zwar das Bedürfnis gegenseitiger Erwärmung nur unvollkommen befriedigt, dafür aber der Stich der Stacheln nicht empfunden. – …

1. Verstehenshypothese formulieren	→	**2. Text aspektorientiert untersuchen**	→	3. These formulieren	→	4. Gliederung erstellen	→	5. Klausur schreiben	→	6. Klausur überarbeiten

Aspekt: Bildlichkeit

1. Untersuchen Sie nun die Bedeutung der Bildelemente und des Bildaufbaus genauer, indem Sie die Sprachbilder in begriffliche Sprache übertragen:

Bildebene	*Bedeutungsebene*
Schweine	
Stacheln	
kalter Wintertag	Langeweile, Isolation in der Gesellschaft
Wärme	
mittlere Entfernung	

Aspekt: episches Genre

2. Lesen Sie die folgende Definition der Parabel. Welche Aufgabe kommt beim Schreiben/Lesen einer Parabel dem Autor, welche dem Leser zu?

INFO

Die Parabel (griechisch παραβολή, *parabolé* – wörtlich *das Daneben-Geworfene, Daneben-Gestellte; der Vergleich*) ist eine dem Gleichnis verwandte Form von Literatur, eine lehrhafte und kurze Erzählung. Ihr Anliegen ist die Vermittlung von Erkenntnissen oder ethischen Grundsätzen, welche durch Übertragung in einen anderen Vorstellungsbereich, die Bedeutungsebene, begreifbar werden. Das im Vordergrund stehende Geschehen (Bildebene) steht der Vorstellungswelt des Lesers nahe. Dieser muss die Arbeit des Autors umgekehrt nachvollziehen und von der Bildgeschichte auf die vermittelte Erkenntnis zurückschließen.

Aspekt: Erzählverhalten

3. Unterstreichen Sie in der Parabel alle Formulierungen, die Wertungen und Urteile des Erzählers enthalten.

4. Beschreiben Sie das Erzählverhalten und seine Wirkung. Lässt der Erzähler dem Leser Freiheiten der Deutung oder lenkt er ihn?

Siehe Erzählverhalten → S. 24

1. Verstehenshypothese formulieren → 2. Text aspektorientiert untersuchen → **3. These formulieren** → 4. Gliederung erstellen → 5. Klausur schreiben → 6. Klausur überarbeiten

1. Welche Erkenntnis oder „Moral" will Schopenhauer vermitteln?

`Für den normalen Menschen gilt ...`

Schopenhauer hat seiner Parabel noch eine weitere Lehre hinzugefügt:

> … Wer jedoch viel eigene, innere Wärme hat
> bleibt lieber aus der Gesellschaft weg, um keine
> Beschwerde zu geben, noch zu empfangen.

2. Formulieren Sie diese zweite „Moral", indem Sie das Bild der inneren Wärme in begriffliche Sprache übertragen.

Für den Ausnahmemenschen gilt … ______

______

3. Nehmen Sie abschließend Stellung zu Schopenhauers Lehren.
   - Stimmen Schopenhauers Schlussfolgerungen mit Ihren eigenen Erfahrungen überein?
   - Welche Bereiche zwischenmenschlicher Erfahrungen und Beziehungen werden von dem Philosophen ausgeschlossen?

______

______

______

1. Verstehens-hypothese formulieren → 2. Text aspekt-orientiert untersuchen → 3. These formulieren → 4. Gliederung erstellen → **5. Klausur schreiben** → 6. Klausur überarbeiten

Einleitung

TIPP

Folgende Elemente sollten in Ihrer Einleitung enthalten sein:

- **Beantwortung der W-Fragen: Nennung von Autor, Entstehungszeit, Textart, Thema**
- **kurze Orientierung über die Absicht des Textes**
- **kurze Orientierung über die eigene Vorgehensweise**

1. Formulieren Sie die folgende Einleitung auf einem eigenen Blatt weiter aus.

In seiner Parabel „Die Stachelschweine", die 1851 veröffentlicht wurde, stellt der Philosoph Arthur Schopenhauer alternative Lebensformen vor Augen...

Hauptteil

2. Untersuchen Sie diese Textbeschreibung, indem Sie den Abschnitten am Rand Überschriften geben. Versuchen Sie danach, die Gesamtstruktur der Parabel, so wie sie hier beschrieben wird, in einer Gliederung darzustellen.

Auf den ersten Blick scheint diese Tierparabel in zwei Abschnitte gegliedert zu sein. Im ersten stellt sie das Verhalten der Stachelschweine dar, im zweiten überträgt der Autor selbst die Bildebene auf die Bedeutungsebene, wobei er die Handlungsweisen seiner Fabeltiere nicht nur beschreibt, sondern auch deutlich bewertet. Offensichtlich will Schopenhauer seinen Leser lenken und zum richtigen Verstehen anleiten.
In der Bildhälfte der Parabel lassen sich einzelne Phasen im Verhalten der Stachelschweine feststellen, die Schopenhauers Einstellung zur Gesellschaft genauer verdeutlichen: Da sind zum einen zwei Extremzustände, zum anderen ein mittlerer Zustand: Winterliche Kälte – erstes Extrem – lässt die Stachelschweine zusammenrücken, doch der Schmerz, den sie sich mit ihren Stacheln verursachen, treibt sie in das andere Extrem großer Distanz. Aufgrund dieser Erfahrungen stellt sich im Laufe der Zeit eine mittlere, „mäßige" Entfernung (Z. 9) ein, die ein erträgliches Leben gestattet, jedoch eine Nähe der Stachelschweine ausschließt.
Der zweite Abschnitt, der die Bildwelt auf die menschliche Gesellschaft überträgt, ist analog gegliedert: Die beiden Extremzustände Ferne und Nähe werden als Langeweile und Abstoßung durch unerträgliche menschliche Fehler erklärt. Die Flucht vor der Monotonie bringt die Menschen zueinander, doch ihre „widerwärtigen Eigenschaften" (Z. 14 f.) stoßen sie wieder voneinander ab. Die mittlere Entfernung, die sie finden, nennt Schopenhauer „Höflichkeit und feine Sitte" (Z. 18).

3. Es ist nicht ganz einfach, die Struktur/den Aufbau eines Textes sprachlich darzustellen. Charakterisieren Sie die sprachlichen und gedanklichen Fehler in den folgenden Schülerbeispielen mithilfe dieser Liste:

- falsches Tempus
- unpassendes Prädikat
- Vermischung von Form- und Inhaltsebene
- unkorrekte Verknüpfung
- unangemessene Begrifflichkeit

a Der zweite Abschnitt geht von Zeile 11 bis 23.

b Im ersten Absatz drängt sich eine Herde Stachelschweine eng zusammen, in Zeile 5 streben sie wieder auseinander.

c Wenn nun das Bedürfnis der Erwärmung sie wieder näher zusammenbrachte, spürten sie ihre gegenseitigen Stacheln.

d Im 1. Abschnitt berichtet der Autor von dem Verhalten der Stachelschweine.

e In der zweiten Sektion wird die Bildhälfte gedeutet.

f Die Parabel kann man in drei Abschnitte zerteilen.

g Folgend kommt Schopenhauer zu dem Schluss, dass die mittlere Entfernung zwischen Menschen die richtige Kompromisslösung ist.

4. Korrigieren Sie die falschen Formulierungen.

a

b

c

d

e

f

g

Die Textbeschreibung (S. 31) beginnt mit der Formulierung „Auf den ersten Blick“. Damit wird im Leser eine Erwartungshaltung erzeugt. Der Verfasser will andeuten, dass der Aufbau auf den zweiten Blick einen überraschenden oder ungewöhnlichen Aspekt bereithält. Gemeint ist der Schluss-Satz der Parabel (S. 30).

5. Setzen Sie die Analyse des Aufbaus fort.

Genau betrachtet lässt sich noch ein dritter Abschnitt feststellen,

in dem

Hier zeigt der Philosoph,

Nachdem Sie die Handlungsmomente und die Struktur der Parabel beschrieben haben, stellen Sie die Übertragung der Bildebene auf die Bedeutungsebene dar. Zu diesem Zweck sollten Sie jetzt jene Aspekte der Untersuchung aufgreifen, die geeignet sind, Ihre These zur Textabsicht zu stützen.

6. Vergegenwärtigen Sie sich zunächst, welche Aspekte Sie im Arbeitsschritt 2 (S. 28–29) genauer untersucht haben:

7. Wie könnte man nach der Überleitung zwischen Textbeschreibung und Hauptteil fortfahren?

Mit dem Vergleichswort „so" signalisiert der Autor den Übergang aus der Bildebene in die Bedeutungsebene. Er legt in diesem zweiten Teil die Parabel Zug für Zug aus:

Schopenhauers „Lösungsvorschlag", die mittlere Entfernung zwischen den Menschen, ist nur ein Notbehelf, um zu verhindern, dass sich die Mitglieder einer Gesellschaft größeren Schaden zufügen: Die Gesellschaft reglementiert die Umgangsformen – durch „Höflichkeit und feine Sitte" (Z.18) –, um das Zusammenleben erträglich zu gestalten. Als Freund englischer Lebensart und Distinktion fasst Schopenhauer seine Lehre von der „mäßige[n] Entfernung" (Z.9) in dem Appell „keep your distance" (Z.20) zusammen.

8. Um Schopenhauers Schlusssatz zu erläutern, könnte man folgendermaßen überleiten. Ergänzen Sie das Beispiel.

Die eigentliche Pointe hat sich Schopenhauer jedoch für den Schluss aufgespart: Es gibt offensichtlich Ausnahmen von dieser Regel.

Der Verfasser des folgenden Ausschnittes hat sich entschieden, den Aspekt des Erzählverhaltens und des Leserbezugs genauer darzustellen:

An dem Schlusssatz der Parabel lässt sich ablesen, dass der Erzähler eine ironische Grundhaltung gegenüber dem Leser einnimmt: Er steht weder auf einer Ebene mit ihm noch ist er ein freundlicher Lehrer. Er gibt sich elitär. Das spiegelt sich in seinem Erzählverhalten: Als auktorialer Erzähler, der aus olympischer Warte beschreibt und urteilt, ist er selber isoliert von der Gesellschaft und blickt auf diese herab. Da er sich als einer von denen präsentiert, die die Fähigkeit haben, die Natur des Menschen und die Mechanismen der Gesellschaft zu durchschauen, ist er besonders geeignet, den Durchschnittsmenschen aufzuklären. Deshalb lenkt er dessen Leseprozess. Mit seiner gesamten Bildwelt, insbesondere der Wahl der Schweine als Bild für den Menschen, hat er ja deutlich gemacht, was er von seinen Mitmenschen hält: Durch bissige Wertungen qualifiziert er den vergesellschafteten Menschen ab („widerwärtig", „unerträglich", „Leere") und gibt durch seinen Sarkasmus zu erkennen, dass er selbst nicht zu diesem Rudel gezählt werden möchte, sondern zu den wenigen großen Einzelnen gehört, die genug „innere Wärme" besitzen, um auf menschliche Gesellschaft verzichten zu können.

9. Beschreiben Sie,

- welche Analyseaspekte der Verfasser berücksichtigt:

- wie er sie miteinander verknüpft:

- wie er sie unter einen leitenden Gesichtspunkt unterordnet:

Schluss

Siehe → S. 62

Sie können sich im Kapitel „Analyse/Interpretation lyrischer Texte" über verschiedene Möglichkeiten informieren, wie ein Schluss gestaltet werden kann. Vielleicht helfen Ihnen auch die folgenden Lösungsvorschläge weiter.

Schopenhauers Lehre distanziert sich im Grunde von der Moral des Christentums. Während dieses die Nächstenliebe fordert, ist für ihn das höchste Maß an Nähe die Höflichkeit. Es ist paradox, dass seine menschenfeindliche Moral in derselben Form vorgetragen wird wie die Lehren Jesu: als Parabel.

Der Hochmut Schopenhauers provoziert mich als Leser; denn er stellt mich ja als Stachelschwein dar, sich selbst aber grenzt er von den Stachelschweinen ab und erteilt sich dadurch selbst die Lizenz, angeblich objektiv über die Gesellschaft und damit über den Leser zu urteilen. Wenn der Leser nun seinerseits abwehrend und ausgrenzend auf Schopenhauer reagieren möchte, kann er diesen überhaupt nicht treffen, denn der hat solchen Versuchen schon vorgebeugt, indem er sich selbst als Außenseiter darstellt.

Ich teile Schopenhauers „Lehre" nicht. Wenn er recht hätte, dürfte es keine Freundschaft und keine Liebe unter den Menschen geben. Dem widerspricht aber meine alltägliche Erfahrung. Schopenhauer muss viel Böses erlebt haben, dass er zu einem solchen Menschenfeind wurde.

10. Charakterisieren Sie die Schlussteile jeweils mit einem der folgenden Oberbegriffe.

Kritik am Autor – Resümee der wichtigsten Aspekte der Analyse – Vergleich/Kontrast mit einer anderen Moral/Auffassung vom Menschen – Überprüfung der Verstehenshypothese – Einordnung in die Biografie des Autors – Zuordnung zu einer literarischen Epoche – begründete Gegenposition zur Lehre der Parabel

Training 2: Analyse/Interpretation einer Erzählung

→ Lösungsheft S. 7–11

FRANZ KAFKA (1883–1924)

Die Verwandlung

[...] Es verging eine kleine Weile, Gregor lag matt da, ringsherum war es still, vielleicht war das ein gutes Zeichen. Da läutete es. Das Mädchen war natürlich in ihrer Küche eingesperrt und Grete musste daher öffnen gehen. Der Vater war gekommen. „Was ist geschehen?", waren seine ersten Worte; Gretes Aussehen hatte ihm wohl alles verraten. Grete antwortete mit dumpfer Stimme, offenbar drückte sie ihr Gesicht an des Vaters Brust: „Die Mutter war ohnmächtig, aber es geht ihr schon besser. Gregor ist ausgebrochen." „Ich habe es ja erwartet", sagte der Vater, „ich habe es euch ja immer gesagt, aber ihr Frauen wollt nicht hören." Gregor war es klar, dass der Vater Gretes allzu kurze Mitteilung schlecht gedeutet hatte und annahm, dass Gregor sich irgendeine Gewalttat habe zuschulden kommen lassen. Deshalb musste Gregor den Vater jetzt zu besänftigen suchen, denn ihn aufzuklären hatte er weder Zeit noch Möglichkeit. Und so flüchtete er sich zur Tür seines Zimmers und drückte sich an sie, damit der Vater beim Eintritt vom Vorzimmer her gleich sehen könne, dass Gregor die beste Absicht habe, sofort in sein Zimmer zurückzukehren, und dass es nicht nötig sei, ihn zurückzutreiben, sondern dass man nur die Tür zu öffnen brauche, und gleich werde er verschwinden.

Aber der Vater war nicht in der Stimmung, solche Feinheiten zu bemerken; „Ah!", rief er gleich beim Eintritt in einem Tone, als sei er gleichzeitig wütend und froh. Gregor zog den Kopf von der Tür zurück und hob ihn gegen den Vater. So hatte er sich den Vater wirklich nicht vorgestellt, wie er jetzt dastand; allerdings hatte er in der letzten Zeit über dem neuartigen Herumkriechen versäumt, sich so wie früher um die Vorgänge in der übrigen Wohnung zu kümmern, und hätte eigentlich darauf gefasst sein müssen, veränderte Verhältnisse anzutreffen. Trotzdem, trotzdem, war das noch der Vater? Der gleiche Mann, der müde im Bett vergraben lag, wenn früher Gregor zu einer Geschäftsreise ausgerückt war; der ihn an Abenden der Heimkehr im Schlafrock im Lehnstuhl empfangen hatte; gar nicht recht imstande war, aufzustehen, sondern zum Zeichen der Freude nur die Arme gehoben hatte, und der bei den seltenen gemeinsamen Spaziergängen an ein paar Sonntagen im Jahr und an den höchsten Feiertagen zwischen Gregor und der Mutter, die schon an und für sich langsam gingen, immer noch ein wenig langsamer, in seinen alten Mantel eingepackt, mit stets vorsichtig aufgesetztem Krückstock sich vorwärts arbeitete und, wenn er etwas sagen wollte, fast immer stillstand und seine Begleitung um sich versammelte? Nun aber war er recht gut aufgerichtet; in eine straffe blaue Uniform mit Goldknöpfen gekleidet, wie sie Diener der Bankinstitute tragen; über dem hohen steifen Kragen des Rockes entwickelte sich sein starkes Doppelkinn; unter den buschigen Augenbrauen drang der Blick der schwarzen Augen frisch und aufmerksam hervor; das sonst zerzauste weiße Haar war zu einer peinlich genauen, leuchtenden Scheitelfrisur niedergekämmt. Er warf seine Mütze, auf der ein Goldmonogramm, wahrscheinlich das einer Bank, angebracht war, über das ganze Zimmer im Bogen auf das Kanapee hin und ging, die Enden seines langen Uniformrockes zurückgeschlagen, die Hände in den Hosentaschen, mit verbissenem Gesicht auf Gregor zu. Er wusste wohl selbst nicht, was er vorhatte; immerhin hob er die Füße ungewöhnlich hoch, und Gregor staunte über die Riesengröße seiner Stiefelsohlen. Doch hielt er sich dabei nicht auf, er wusste ja noch vom ersten Tage seines neuen Lebens her, dass der Vater ihm gegenüber nur die größte Strenge für angebracht ansah. Und so lief er vor dem Vater her, stockte, wenn der Vater stehen blieb, und eilte schon wieder vorwärts, wenn sich der Vater nur rührte. So machten sie mehrmals die Runde um das Zimmer, ohne dass sich etwas Entscheidendes ereignete, ja ohne dass das Ganze infolge seines langsamen Tempos den Anschein einer Verfolgung gehabt hätte. Deshalb blieb auch Gregor vorläufig auf dem Fußboden, zumal er fürchtete, der Vater könnte eine Flucht auf die Wände oder den Plafond für besondere Bosheit halten. Allerdings musste sich Gregor sagen, dass er sogar dieses Laufen nicht lange aushalten würde; denn während der Vater einen Schritt machte, musste er eine Unzahl von Bewegungen ausführen. Atemnot begann sich schon bemerkbar zu machen, wie er ja auch in seiner früheren Zeit keine ganz vertrauenswürdige Lunge besessen hatte. Als er nun so dahintorkelte, um alle Kräfte für den Lauf zu sammeln, kaum die Augen offenhielt; in seiner Stumpfheit an eine andere Rettung als durch Laufen gar nicht dachte; und fast schon vergessen hatte, dass ihm die Wände freistanden, die hier allerdings mit sorgfältig geschnitzten Möbeln voll Zacken und Spitzen verstellt waren – da flog knapp neben ihm, leicht geschleudert, irgend etwas nieder und rollte vor ihm her. Es war ein Apfel; gleich flog ihm ein zweiter nach; Gregor blieb vor Schrecken stehen; ein Weiterlaufen war nutzlos, denn der Vater hatte sich entschlossen, ihn zu bombardieren. Aus der Obstschale auf der Kredenz hatte er sich die Taschen gefüllt und warf nun, ohne vorläufig scharf zu zielen, Apfel für Apfel. Diese kleinen roten Äpfel rollten wie elektrisiert auf dem Boden herum und stießen aneinander. Ein schwach geworfener Apfel streifte Gregors Rücken, glitt aber unschädlich ab. Ein ihm sofort nachfliegender drang dagegen förmlich in Gregors Rücken ein; Gregor wollte sich weiterschleppen, als könne der überraschende unglaubliche Schmerz mit dem Ortswechsel vergehen; doch fühlte er sich wie festgenagelt und streckte sich in vollständiger Verwirrung aller Sinne. Nur mit dem letzten Blick sah er noch, wie die Tür seines Zimmers aufgerissen wurde, und vor der schreienden Schwester die Mutter hervoreilte, im Hemd, denn die Schwester hatte sie entkleidet, um ihr in der Ohnmacht Atemfreiheit zu verschaffen, wie dann die Mutter auf den Vater zulief und ihr auf dem Weg die aufgebundenen Röcke einer nach dem anderen zu Boden glitten, und wie sie stolpernd über die Röcke auf den Vater eindrang und ihn umarmend, in gänzlicher Vereinigung mit ihm – nun versagte aber Gregors Sehkraft schon – die Hände an des Vaters Hinterkopf um Schonung von Gregors Leben bat. [...]

(1915)

- Analysieren/Interpretieren Sie den Ausschnitt aus Franz Kafkas Erzählung *Die Verwandlung*.
- Erörtern Sie anschließend die Frage, ob die 1915 erschienene Erzählung der expressionistischen Literatur zugeordnet werden kann.

INFO

Zum Handlungskern der Erzählung

Gregor Samsa, von Beruf Vertreter, wacht eines Morgens verspätet auf und findet sich in ein riesiges Ungeziefer verwandelt. Er ist unfähig, sein Zimmer zu verlassen, während er dringend im Geschäft erwartet wird. Als Alleinversorger seiner Familie (der Eltern und der jüngeren Schwester) arbeitet er sehr hart, um die Schulden seiner Eltern bei seinem Arbeitgeber begleichen zu können.

Nicht nur Gregor verwandelt sich, sondern auch seine Familie. Da der Sohn aufgrund seiner Arbeitsunfähigkeit diese nicht mehr ernähren kann, kehren sich die Machtverhältnisse um: Solange Gregor seine Familie ernährte, war er die dominante Figur, Vater und Mutter ordneten sich dienstwillig unter, und die Schwester Grete schien ihm in Liebe zugetan zu sein. Je mehr Gregor aber nun in seiner Existenzweise als überdimensionaler Käfer auf die Hilfe anderer angewiesen ist, immer unbeweglicher wird und immer mehr vertiert, desto entschiedener wenden sich die Familienmitglieder von ihm ab. Während die Mutter ihre Zuflucht vor der entsetzlichen Wirklichkeit in Ohnmachten sucht, wird der Vater, bisher ein kleiner Bankdiener, zunehmend autoritär, übernimmt die Leitung der Familie und nimmt dem Sohn mehr und mehr sein Existenzrecht. Die Schwester zeigt zunächst noch Fürsorge für den Bruder, kann aber Abscheu und Ekel nicht unterdrücken und betreibt schließlich die Isolation des Insekts.

Die vorerst noch menschlichen Züge Gregors werden nach und nach gänzlich durch tierische Verhaltensweisen ersetzt, und er beginnt, an Wänden und Decke zu kriechen. Als seine Mutter und seine Schwester – angeblich aus Fürsorge – sein Zimmer ausräumen, versucht Gregor, ein Bildnis an der Wand zu retten, das eine in Pelzwerk gekleidete Dame darstellt. Während die Mutter beim Anblick des obszön über die Pelzdame kriechenden Käfers zum wiederholten Male in Ohnmacht fällt, tritt der Vater aggressiv auf, inszeniert eine Verfolgungsjagd auf Gregor und wirft nach ihm mit Äpfeln, von denen einer im Rücken des Ungeziefers stecken bleibt; nur der Intervention der Mutter ist es zu verdanken, dass der Vater den Sohn nicht erschlägt.

Nach dieser letzten Attacke des Vaters zieht sich Gregor immer weiter in seinem Zimmer zurück, versucht aber einen letzten Ausbruch, als die Schwester, der er in inzestuöser Liebe anhängt, vor drei Untermietern, die sich zwischenzeitlich einquartiert haben, Geige spielt. Nun ist es die Schwester, die kategorisch die Entfernung des „Es" fordert. Gregor stirbt noch in derselben Nacht; seine Reste entsorgt das Dienstmädchen, während die Familie in einer ironisch gezeichneten biedermeierlichen Idylle die Erlösung von dem Übel feiert und zu einem sonnenbeglänzten Frühjahrsspaziergang aufbricht.

1. Verstehens-hypothese formulieren	→	2. Text aspekt-orientiert untersuchen	→	3. These formulieren	→	4. Gliederung erstellen	→	5. Klausur schreiben	→	6. Klausur überarbeiten

1. Notieren Sie knapp Ihr erstes Textverständnis und erste Ideen.

2. Bereiten Sie die Textbeschreibung vor, indem Sie folgende Aspekte klären:

- Ort und Zeit des Geschehens:
- beteiligte Personen:
- Entwicklung des Geschehens (in Form einer Zusammenfassung, die sich an den Abschnitten des Textes orientiert):

Z. 1–12: Ankunft des Vaters und Gretes Mitteilung vom Ausbruchsversuch Gregors

Z. 12–23: Georgs vergeblicher Versuch, den Vater zu besänftigen

- Ergebnis der Handlung:

1. Verstehenshypothese formulieren → **2. Text aspektorientiert untersuchen** → 3. These formulieren → 4. Gliederung erstellen → 5. Klausur schreiben → 6. Klausur überarbeiten

Aspekt: Figurengestaltung

Siehe Figurengestaltung → S. 25

1. Vervollständigen Sie die Stoffsammlung zur Beschreibung und Charakterisierung des Vaters:

Der Vater	
vor der Verwandlung	*nach der Verwandlung*
äußeres Erscheinungsbild, äußeres Verhalten	
Schlafrock	
sitzend, stehend, gebückt	
beinahe unfähig aufzustehen: Lehnstuhl, Bett	großer Bewegungsradius
farblos	
Charakterzüge	
Fassaden-Ich	*eigentliches Ich*
schwach, matt, träge, energielos	männlich, vital, selbstbewusst
passiv	
aber: trotz der Schwäche gleichzeitig Ausbeuter des Sohnes	
→ Autorität des Vaters „vergraben" (Z. 35)	→ „Auferstehung" des wahren Vaters

2. Untersuchen Sie nun die Figurenkonstellation und die Interaktion zwischen Vater und Sohn:

Figurenkonstellation	
Vater	*Sohn*
Führungsstärke	Abhängigkeit, Unterlegenheit
	Masochismus, Bestrafungsbedürfnis
Tyrann	Selbstvernichtung
	‚Aussteigertum', Verweigerung gegenüber dem bürgerlichen Beruf, Flucht vor der Verantwortung
	Vereinzelung, Isolation, Außenseitertum

Interaktion zwischen Vater und Sohn
nonverbale Kommunikation, tierische Zischlaute

Aspekt: Bildlichkeit

3. Notieren Sie zunächst Ihre Assoziationen zu den zentralen Motiven des Textausschnittes.

Käfer:

Apfel:

4. Vergleichen Sie Ihre Assoziationen mit den folgenden Materialien und ergänzen Sie in Ihren Notizen die Punkte, die Ihnen wichtig erscheinen.

MATERIAL

Zum Verwandlungsmotiv bei Kafka

„Berücksichtigt man für den Fall der *Verwandlung,* dass das ‚Geschäft' bei Kafka nie konkret ein wirtschaftliches Unternehmen, sondern das Leben in der Realität schlechthin meint [...], so stellt sich die existentielle Alternative dar als ein Entweder-Oder von Leben draußen (als ‚Reisender') oder Rückzug ins Innere (als ‚Ungeziefer'). Allerdings erfolgt der Rückzug nicht aufgrund eines freien Entschlusses, sondern als Zwangsmaßnahme einer anonymen Instanz, über die – erstaunlicherweise – weder von Gregor noch von der Familie reflektiert wird. Zwar wird im Rahmen dieser Erzählung der Vater für die Verurteilung Gregors zur Ungezieferexistenz nicht direkt verantwortlich gemacht, aber immerhin verschärft er die Strafe durch die Wunde, die er Gregor beibringt. Er ist es auch, der Gregors Ausbruchsversuch zunichte macht und ihn mit dem Stock ins Zimmer zurückdrängt."
(Reinhard Meurer)

MATERIAL

Zum Apfel-Symbol

In verschiedenen Kulturen ist der Apfel Symbol des Lebens und der Sexualität. Im nordischen Sagenkreis verleiht die Göttin Idun mit goldenen Äpfeln ewiges Leben, im griechischen Mythos sind es die Hesperiden. Der biblische Baum des Lebens – er wird später mit einem Apfelbaum gleichgesetzt – wächst inmitten des Paradieses und verleiht Unsterblichkeit; er wird zum Todesbaum, als Adam und Eva gegen das Verbot Gottes davon essen.

MATERIAL

Zur Deutung des Apfel-Symbols

„Als Symbole lassen sich diese Äpfel unschwer mit dem Baum der Erkenntnis, dem verlorenen Paradies und der Erbsünde in Zusammenhang bringen. Dies jedoch sind freie Assoziationen, mit Absicht ins Spiel gebracht, um unsere Blicke nach dem Religiösen als nach einem völlig ins Dunkle verschwimmenden Hintergrund schweifen zu lassen. Freilich bedeuten diese Anklänge an Urschuld und Sühne nichts mehr als Gregors Ausrufe: ‚Der Teufel soll das alles holen!' und ‚Himmlischer Vater!' zu Beginn der Erzählung, nämlich artistisch-spielerische Hinweise auf die in der Erzählung angelegten Möglichkeiten einer metaphysischen Interpretation [. . .]." (Heinz Politzer)

Aspekte: Erzählverhalten und Formen der Gedankenwiedergabe

TIPP

Vermeiden Sie bei der Analyse von literarischen Gestaltungsmitteln das Aufzählen sämtlicher Formelemente, die Sie im Text finden. Gehen Sie lieber *exemplarisch* vor.

- **Suchen Sie Beispiele aus, die besonders aussagekräftig oder repräsentativ sind.**
- **Kombinieren Sie verschiedene sprachliche Phänomene und ordnen Sie sie einem leitenden Gesichtspunkt unter.**

Siehe Erzählverhalten → S. 24
Formen der Rede- und Gedankenwiedergabe → S. 25 f.

5. Markieren Sie in Kafkas Text Passagen, die besonders charakteristisch sind für:
   - Erzählverhalten und Perspektive
   - Gedankenwiedergabe
   - Sympathielenkung

Aspekt: Sprache und Stil

6. Untersuchen Sie den letzten Satz des Erzählungsausschnittes, indem Sie sich fragen, warum Kafka nicht einfach schreibt: „Die Mutter eilte auf den Vater zu und bat ihn, Gregors Leben zu schonen." Worin besteht das ‚Plus' in Kafkas Darstellung?

Benennung des Phänomens/Beobachtung	*Funktion*
weit geschwungene Periode, komplexe Satzstruktur, Reihung („wie …, … wie … und wie …")	Spannungskurve durch Reihung der Nebensätze: Ergebnis der Handlung erst am Schluss der Periode
Hypotaxe, ungewöhnliche, zusätzliche Kommasetzung	
Einschub, Parenthese („– nun versagte aber Gregors Sehkraft schon –")	Hinweise auf die begrenzte Perspektive Gregors, Relativierung des Vorgangs
szenische Darstellung, Raumaufteilung, Anordnung der Figuren (die Mutter zwischen Sohn und Vater)	
Groteske (die Mutter im Hemd, einen Rock nach dem anderen abwerfend, stolpernd, sich an des Vaters Hals hängend)	
Wortwahl („entkleidet", „die aufgebundenen Röcke", „auf den Vater eindrang", „in gänzlicher Vereinigung mit ihm")	

Aspekt: Biografischer Kontext

Kafka ist oft vorschnell mit seinen Figuren identifiziert worden, was zu verwegenen Hypothesen geführt hat. Doch gibt es in unmittelbarer zeitlicher Nähe zur Abfassung der Erzählung im November/Dezember 1912 oder in verblüffender motivischer Übereinstimmung mit ihr wichtige briefliche Zeugnisse, die zeigen, dass Kafka seiner Figur sehr nah ist und seine Lebensprobleme in einem ästhetischen Probehandeln durchgespielt hat.

7. Untersuchen Sie die folgenden brieflichen Äußerungen Kafkas und stellen Sie Beziehungen zur Erzählung her.

MATERIAL

„Ich bin nicht so entschlossen wie Du, ich wollte nicht nach Berlin fahren, ich war bloß entschlossen, nicht früher aus dem Bett zu gehn ehe der Brief kam und zu diesem Entschluss gehörte keine besondere Kraft, ich konnte einfach vor Traurigkeit nicht aufstehn. [...] Ich werde Dir übrigens heute wohl noch schreiben, wenn ich auch noch heute viel herumlaufen muss und eine kleine Geschichte [*Die Verwandlung*] niederschreiben werde, die mir in dem Jammer im Bett eingefallen ist und mich innerlichst bedrängt." (an die Verlobte Felice Bauer, 17. November 1912)

„Ich habe die Eltern immer als Verfolger gefühlt, bis vor einem Jahr vielleicht war ich gegen sie vielleicht gegen die ganze Welt gleichgültig wie irgendeine leblose Sache, aber es war nur unterdrückte Angst, Sorge und Traurigkeit, wie ich jetzt sehe. Nichts wollen die Eltern als einen zu sich hinunterziehn, in die alten Zeiten, aus denen man aufatmend aufsteigen möchte, aus Liebe wollen sie es natürlich, aber das ist ja das Entsetzliche." (an Felice Bauer, 21. November 1912)

„Das Schimpfen verstärktest du mit Drohen [...]. Schrecklich war es auch, wenn Du schreiend um den Tisch herumliefst, um einen zu fassen, offenbar gar nicht fassen wolltest, aber doch so tatest und die Mutter einen schließlich scheinbar rettete. Wieder hatte man einmal, so schien es dem Kind, das Leben durch Deine Gnade behalten und trug es als Dein unverdientes Geschenk weiter." (*Brief an den Vater*, 1919)

„Warum also habe ich nicht geheiratet? [...] Die Heirat ist gewiss die Bürgschaft für die schärfste Selbstbefreiung und Unabhängigkeit. [...] ich wäre Dir ebenbürtig, alle alte und ewig neue Tyrannei wäre bloß noch Geschichte. [...] So wie wir aber sind, ist mir das Heiraten dadurch verschlossen, dass es gerade Dein eigenstes Gebiet ist. Manchmal stelle ich mir die Erdkarte ausgespannt und Dich quer über sie hin ausgestreckt vor. Und es ist mir dann, als kämen für mein Leben nur die Gegenden in Betracht, die Du entweder nicht bedeckst oder die nicht in deiner Reichweite liegen. [...] Ich habe schon angedeutet, dass ich im Schreiben und in dem, was damit zusammenhängt, kleine Selbständigkeitsversuche, Fluchtversuche mit allerkleinstem Erfolg gemacht [...]." (*Brief an den Vater*, 1919)

Aspekt: Epochenkontext

8. Bereiten Sie den zweiten Teil der Aufgabenstellung, die Erörterung der Epochenzugehörigkeit Kafkas, vor, indem Sie aus dem Materialkasten zum Expressionismus die Aspekte auswählen, die Ihrer Ansicht nach auf Kafka zutreffen.

MATERIAL

Orientierungsverlust – Zivilisationskritik – Nihilismus – Menschheitsdämmerung, Apokalypse – Ich-Zerfall – Sehnsucht nach einem neuen Menschen – Wahnsinn – Selbstmord – Vater-Sohn-Konflikte – Bruch mit der Vätergeneration – Vatermord – Aufbruch der Jugend – ‚Söhne aus zu gutem Hause', akademisch gebildet, aber auf gegenbürgerlichen Abwegen – Künstler-Bürger-Problem – Aufbruchsbewusstsein – Rebellion – Provokation des bürgerlichen Lesepublikums – gesellschaftliches Außenseitertum – Frontstellung gegen Mechanisierung und Enthumanisierung – Metropolis: Großstadtthematik – Dämonisierung der Stadt – Verkehr – Prostitution, Bordelle – Subkultur, Bohème – Ästhetik des Hässlichen vs. bürgerliche, klassizistische Ästhetik – Groteskes – Regressionsphantasien (Rückzug auf eine frühere Stufe der Persönlichkeitsentwicklung als Abwehrmechanismus gegen gesellschaftliche Verpflichtungen) – Formzertrümmerung – Diskrepanz von Inhalt und Form – vorwiegende Ausdrucksform des Expressionismus: Lyrik – Subjektivismus – Gefühlsüberschwang – neues Pathos – grelle, schockierende Bilder – Farbmetaphern als Stimmungsträger – Chiffren – Zeilenstil – Simultaneität des Heterogenen – sprachliche Dynamik (Interjektionen, rhetorische Formen der Reduktion: Synekdoche, Ellipsen, Störung der Syntax, Sprachfetzen) – neue Ausdrucksmöglichkeiten, Sprachexperimente: Neologismen, Paradoxe, Verfremdung, Sprachspiele, Montage, Collage

Für den Expressionismus charakteristische Gedichte finden Sie im Kapitel *Analyse/Interpretation lyrischer Texte* (S. 63, S. 66).

9. Ergänzen Sie die Pro- und Kontra-Argumente.

Kafka – ein Expressionist?

PRO

- Gregors Vereinsamung, Isolation
- Verdinglichung, Animalisierung des Menschen
- in einer expressionistischen Broschüre veröffentlicht („Der Jüngste Tag", von Kurt Wolff und Franz Werfel herausgegeben)
- groteske Verfremdung der Wirklichkeit

CONTRA

- keine Formzertrümmerung, keine Sprachfetzen
- Vaterproblem als individuelle Problematik, keine Zeitgeistproblematik
- Unterkühltheit, scheinbare Sachlichkeit der Sprache

1. Verstehenshypothese formulieren → 2. Text aspektorientiert untersuchen → **3. These formulieren** → 4. Gliederung erstellen → 5. Klausur schreiben → 6. Klausur überarbeiten

Besonders, wenn Sie eine Frage schriftlich erörtern sollen, ist es wichtig, dass Sie schon vor dem Schreiben eine klare Position haben und von vornherein das Ziel Ihrer Argumentation kennen.

1. Formulieren Sie in wenigen Sätzen Ihre These zum 2. Teil der Klausuraufgabe.

1. Verstehenshypothese formulieren → 2. Text aspektorientiert untersuchen → 3. These formulieren → **4. Gliederung erstellen** → 5. Klausur schreiben → 6. Klausur überarbeiten

1. Gliedern Sie den ersten Teil Ihres Hauptteils (die Interpretation des Textes) nach den Aspekten, die Sie im Vorfeld untersucht haben (S. 38–41).

Im zweiten Teil der Aufgabenstellung soll Ihr Vorrat an Pro- und Kontra-Argumenten in eine angemessene sprachliche Darstellung gebracht werden. Dabei ist das Ordnen und Gewichten der Argumente von besonderer Bedeutung.

2. Entscheiden Sie sich für eine der drei Gliederungsmöglichkeiten für erörternde Texte und erstellen Sie eine entsprechende Gliederung für den zweiten Teil Ihrer Klausur.

Siehe Gliederungsmöglichkeiten für Erörterungen → S. 95

1. Verstehenshypothese formulieren → 2. Text aspektorientiert untersuchen → 3. These formulieren → 4. Gliederung erstellen → **5. Klausur schreiben** → 6. Klausur überarbeiten

1. Formulieren Sie den zweiten Teil des Hauptteils (die Erörterung) auf einem eigenen Blatt aus. Wenn Sie möchten, können Sie das Beispiel übernehmen und fortführen.

Siehe Formulierungshilfen für erörternde Texte → S. 95

ABI

Worauf es nicht ankommt:
- **die Auffassungen der Prüfer zu erahnen**
- **zu rekonstruieren, welche Beziehungen Kafka im Jahr 1912 zu den Expressionisten hatte**
- **Spekulationen anzustellen**

Worauf es ankommt:
- **Ihre Position klar zu artikulieren**
- **die Begründungen für diese Position folgerichtig zu entwickeln**
- **These, Argument und Belege stimmig miteinander zu verknüpfen**
- **ein dazu passendes Resümee auf der Basis der Belege und Argumente zu formulieren**

Nach dem Sanduhrmodell könnte sich Ihre Argumentation so entwickeln:

Siehe Sanduhr modell → S. 95

(These:) Manche Interpreten behaupten, Die Verwandlung sei ein typisches literarisches Produkt des expressionistischen Jahrzehnts. **(1. gegnerisches Argument:)** Der Aufstand gegen die Väter habe die Epoche geprägt, eine junge Generation mit bürgerlichem und akademischem Hintergrund habe die bürgerliche Kultur als Entfremdung erlebt und sich dagegen aufgelehnt. **(Beleg:)** Nicht anders ergehe es Gregor Samsa: Er entscheidet sich eines Morgens gegen den bürgerlichen Beruf, die Routine der Arbeitswelt, er verweigert sich den Ansprüchen des Vaters und zieht sich auf sein eigenes Ich zurück.

Ferner verweist man darauf **(2. gegnerisches Argument:)**, dass Kafka wie die Expressionisten sich von einer realistischen oder naturalistischen Darstellung der Wirklichkeit abgewandt habe. Die groteske Verzerrung der Wirklichkeit, die Erschütterung des naiven Blicks auf die Welt, sei ein wesentliches Ziel der expressionistischen Literatur gewesen. **(Beleg:)** Dieses Ziel teile Kafka mit ihr, wenn er Samsa in einen überdimensionalen Käfer verwandle und aus dessen (zuletzt) tierischer, immer beschränkterer Perspektive die Welt beschreibe.

[...]

(Entscheidung) Ich bin der Auffassung, dass man mit der Zuordnung Kafkas zu einer Epoche oder „Bewegung" das Unverwechselbare, das Besondere seiner Einfälle und seiner Sprache verwischen will. Das Irritierende und Verstörende seiner Erzählung wird so eingeebnet. Diese Irritation ist mir wichtiger als die Einordnung Kafkas in eine Epochen-Schublade.

Original-Abituraufgabe

→ Lösungsheft S. 11–12

THOMAS MANN (1875–1955)

Bekenntnisse des Hochstaplers Felix Krull

Dies war das Heim, worin ich an einem lauen Regentage des Wonnemondes – einem Sonntage übrigens – geboren wurde, und von nun an gedenke ich nicht mehr vorzugreifen, sondern die Zeitfolge sorgfältig zur Richtschnur zu nehmen. Meine Geburt ging, wenn ich recht unterrichtet bin, nur sehr langsam und nicht ohne künstliche Nachhilfe unseres damaligen Hausarztes, Doktor Mecum, vonstatten, und zwar hauptsächlich deshalb, weil ich mich – wenn ich jenes frühe und fremde Wesen als ‚ich' bezeichnen darf – außerordentlich untätig und teilnahmslos dabei verhielt, die Bemühungen meiner Mutter fast gar nicht unterstützte und nicht den mindesten Eifer zeigte, auf eine Welt zu gelangen, die ich später so inständig lieben sollte. Dennoch war ich ein gesundes, wohlgestaltes Kind, das an dem Busen einer ausgezeichneten Amme aufs hoffnungsvollste gedieh. Ich kann aber nach wiederholtem eindringlichem Nachdenken nicht umhin, mein träges und widerwilliges Verhalten bei meiner Geburt, diese offenbare Unlust, das Dunkel des Mutterschoßes mit dem hellen Tage zu vertauschen, in Zusammenhang zu bringen mit der außerordentlichen Neigung und Begabung zum Schlafe, die mir von klein auf eigentümlich war. Man sagte mir, dass ich ein ruhiges Kind gewesen sei, kein Schreihals und Störenfried, sondern dem Schlummer und Halbschlummer in einem den Wärterinnen bequemen Grade zugetan; und obgleich mich später so sehr nach der Welt und den Menschen verlangte, dass ich mich unter verschiedenen Namen unter sie mischte und vieles tat, um sie für mich zu gewinnen, so blieb ich doch in der Nacht und im Schlaf stets innig zu Hause, entschlummerte auch ohne körperliche Ermüdung leicht und gern, verlor mich weit in ein traumloses Vergessen und erwachte nach langer, zehn-, zwölf-, ja vierzehnstündiger Versunkenheit erquickt und befriedigter als durch die Erfolge und Genugtuungen des Tages. Man könnte in dieser ungewöhnlichen Schlaflust einen Widerspruch zu dem großen Lebens- und Liebesdrange erblicken, der mich beseelte und von dem an gehörigem Orte noch zu sprechen sein wird. Allein ich ließ schon einfließen, dass ich diesem Punkte wiederholt ein angestrengtes Nachdenken gewidmet habe, und mehrmals habe ich deutlich zu verstehen geglaubt, dass es sich hier nicht um einen Gegensatz, sondern vielmehr um eine verborgene Zusammengehörigkeit und Übereinstimmung handelt. Jetzt nämlich, wo ich, obgleich erst vierzigjährig, gealtert und müde bin, wo kein begieriges Gefühl mich mehr zu den Menschen drängt und ich gänzlich auf mich selbst zurückgezogen dahinlebe: jetzt erst ist auch meine Schlafkraft erlahmt, jetzt erst bin ich dem Schlafe gewissermaßen entfremdet, ist mein Schlummer kurz, untief und flüchtig geworden, während ich vormals im Zuchthause, wo viel Gelegenheit dazu war, womöglich noch besser schlief als in den weichlichen Betten der Palasthotels. – Aber ich verfalle in meinen alten Fehler des Voraneilens.

Abb. rechts: **Horst Buchholz als Felix Krull** in Kurt Hoffmanns Film *Die Bekenntnisse des Hochstaplers Felix Krull*, 1957

Oft hörte ich aus dem Munde der Meinen, dass ich ein Sonntagskind sei, und obgleich ich fern von allem Aberglauben erzogen worden bin, habe ich doch dieser Tatsache, in Verbindung mit meinem Vornamen Felix[1] (so wurde ich nach meinem Paten Schimmelpreester genannt) sowie mit meiner körperlichen Feinheit und Wohlgefälligkeit, immer eine geheimnisvolle Bedeutung beigemessen. Ja, der Glaube an mein Glück und dass ich ein Vorzugskind des Himmels sei, ist in meinem Innersten stets lebendig gewesen, und ich kann sagen, dass er im ganzen nicht Lügen gestraft worden ist. Stellt sich doch das eben als die bezeichnende Eigentümlichkeit meines Lebens dar, dass alles, was an Leiden und Qual darin vorgekommen, als etwas Fremdes und von der Vorsehung ursprünglich nicht Gewolltes erscheint, durch das meine wahre und eigentliche Bestimmung immerfort gleichsam sonnig hindurchschimmert. – Nach dieser Abschweifung ins Allgemeine fahre ich fort, das Gemälde meiner Jugend in großen Zügen zu entwerfen.

Ein phantastisches Kind, gab ich mit meinen Einfällen und Einbildungen den Hausgenossen viel Stoff zur Heiterkeit. Ich glaube mich wohl zu erinnern, und oft ist

1 Felix (lateinisch): „der Glückliche"

es mir erzählt worden, dass ich, als ich noch Kleidchen trug, gerne spielte, dass ich der Kaiser sei, und auf dieser Annahme wohl stundenlang mit großer Zähigkeit bestand. In einem kleinen Stuhlwagen sitzend, worin meine Magd mich über die Gartenwege oder auf dem Hausflur umherschob, zog ich aus irgendeinem Grunde meinen Mund so weit wie möglich nach unten, so dass meine Oberlippe sich übermäßig verlängerte, und blinzelte langsam mit den Augen, die sich nicht nur infolge der Verzerrung, sondern auch vermöge meiner inneren Rührung röteten und mit Tränen füllten. Still und ergriffen von meiner Betagtheit und hohen Würde, saß ich im Wägelchen; aber meine Magd war gehalten, jeden Begegnenden von dem Tatbestande zu unterrichten, da eine Nichtachtung meiner Schrulle mich aufs äußerste erbittert haben würde. „Ich fahre hier den Kaiser spazieren", meldete sie, indem sie auf unbelehrte Weise die flache Hand salutierend an die Schläfe legte, und jeder erwies mir Reverenz. Zumal mein Pate Schimmelpreester, stets zu Possen geneigt, war mir zu Willen, wenn er mich so antraf, und bestärkte mich auf alle Weise in meinem Dünkel. „Seht, da fährt er, der Heldengreis!" sagte er, indem er sich unnatürlich tief verbeugte. Und dann stellte er sich als Volk an meinen Weg und warf vivatschreiend seinen Hut, seinen Stock und selbst seine Brille in die Luft, um sich beinahe zu Schaden zu lachen, wenn mir vor Erschütterung die Tränen über die langgezogene Oberlippe rollten. Diese Art von Spiel pflegte ich noch in späteren Knabenjahren, zu einer Zeit also, da ich die Unterstützung der Erwachsenen dabei nicht wohl mehr fordern durfte. Doch vermisste ich sie nicht, sondern freute mich vielmehr der Unabhängigkeit und Selbstgenügsamkeit meiner Einbildungskraft. Ich erwachte zum Beispiel eines Morgens mit dem Entschlusse, heute ein achtzehnjähriger Prinz namens Karl zu sein, und hielt an dieser Träumerei während des ganzen Tages, ja mehrere Tage lang fest; denn der unschätzbare Vorzug solchen Spieles bestand darin, dass es in keinem Augenblick und nicht einmal während der so überaus lästigen Schulstunden unterbrochen zu werden brauchte. Gekleidet in eine gewisse liebenswürdige Hoheit, ging ich umher, hielt heitere und angeregte Zwiesprache mit einem Gouverneur oder Adjutanten, den ich mir einbildungsweise beigab, und niemand beschreibt den Stolz und das Glück, mit dem das Geheimnis meiner feinen und erlauchten Existenz mich erfüllte. Welch eine herrliche Gabe ist nicht die Phantasie, und welchen Genuss vermag sie zu gewähren! Wie dumm und benachteiligt erschienen mir die anderen Knaben des Städtchens, denen dies Vermögen offenbar nicht zuteil geworden und die also unteilhaft der verschwiegenen Freuden waren, welche ich mühelos und ohne jede äußere Vorkehrung, durch einen einfachen Willensentschluss daraus zog! Jenen freilich, die gewöhnliche Burschen mit hartem Haar und roten Händen waren, hätte es sauer werden und lächerlich zu Gesichte stehen mögen, hätten sie sich einreden wollen, Prinzen zu sein. Ich aber besaß seidenweiches Haar, wie man es nur selten beim männlichen Geschlechte findet, und welches, da es blond war, zusammen mit graublauen Augen, einen fesselnden Gegensatz zu der goldigen Bräune meiner Haut bildete: so, dass es gewissermaßen unbestimmt blieb, ob ich nun eigentlich blond oder brünett von Erscheinung sei, und man mich mit gleichem Rechte für beides ansprechen konnte. Meine Hände, auf die ich frühe achthatte, waren, ohne überschmal zu sein, angenehm im Charakter, niemals schweißig, sondern mäßig warm, trocken, mit geschmackvoll geformten Fingernägeln versehen und sich selbst ein Wohlgefallen; und meine Stimme hatte, schon bevor ich sie wechselte, etwas Schmeichelhaftes für das Ohr, so dass ich sie, wenn ich allein war, gern in glücklichen, gebärdenreichen, übrigens sinnlos kauderwelschen und nur täuschend angedeuteten Plaudereien mit meinem unsichtbaren Gouverneur erklingen ließ. Solche persönlichen Vorzüge sind meistens unwägbare Dinge, die nur in ihren Wirkungen zu bestimmen und selbst bei hervorragendem Geschick nur schwer in Worte zu fassen sind. Jedenfalls konnte mir nicht verborgen bleiben, dass ich aus edlerem Stoffe gebildet oder wie man zu sagen pflegt, aus feinerem Holz geschnitzt war als meinesgleichen, und ich fürchte dabei durchaus nicht den Vorwurf der Selbstgefälligkeit. Das ist mir ganz einerlei, ob dieser oder jener mich der Selbstgefälligkeit anklagt, denn ich müsste ein Dummkopf oder Heuchler sein, wollte ich mich für Dutzendware ausgeben, und der Wahrheit gemäß wiederhole ich, dass ich aus dem feinsten Holze geschnitzt bin. [...]

(entstanden 1910, Erstveröffentlichung des gesamten Romans 1954)

- **Erschließen Sie den vorliegenden Romanausschnitt und interpretieren Sie ihn unter Berücksichtigung der Selbstdarstellung des Erzählers.**
- **Vergleichen Sie die Gestaltung dieses Ich-Erzählers mit derjenigen in einem anderen epischen Werk.**

Sog. Brillenapostel im Altarbild der Stadtpfarrkirche Bad Wildungen, von Conrad von Soest, 1403 (früheste Darstellung einer Brille diesseits der Alpen)

Zerpflücke die Rose,
und jedes Blatt ist schön!

BERTOLT BRECHT

Gedichte sind auf engstem Raum komprimierte („verdichtete") sprachliche Gebilde. Vers und Reim, Klänge und Bilder, Wort- und Satzfiguren schaffen einen überaus dichten Text, der sowohl die Sinne als auch den Verstand des Lesers anspricht und herausfordert. Zur Alltagssprache stehen Gedichte in denkbar großem Gegensatz und setzen beim Leser Geduld, Fingerspitzengefühl und Kombinationsvermögen voraus. Gedichte lesen heißt „mit zarten Fingern und Augen lesen" (Nietzsche).

Kein Wunder, dass manch einen Panik ergreift, wenn es heißt: „Analysieren/Interpretieren Sie das folgende Gedicht …".

Viele Techniken und Methoden der Gedichtanalyse sind lernbar. Gedichte fallen nicht vom Himmel und werden dem Autor nicht von der Muse eingegeben, sondern sind das Ergebnis harter Arbeit am Sprachmaterial. Also kann der Leser diesen Prozess auch umkehren und beobachten, wie Gedichte gemacht wurden und wie die einzelnen Faktoren, die ihre Gestalt ausmachen, zusammenwirken. Doch ist es genauso wichtig, dass der Interpret die Bereitschaft mitbringt, sich auf diese überstrukturierten Sprachgebilde einzulassen. Im Abitur ist die Gedichtinterpretation für diejenigen das richtige Thema, die keine Platzangst bekommen, wenn der zu analysierende Text nur aus wenigen Zeilen besteht, die Freude daran haben, sprachliche Formen detailgenau zu beobachten, und die das nötige Fachwissen besitzen, um sie zu beschreiben.

Das folgende Kapitel will

- **Ihnen helfen, Ihr Wissen über Gedichte einzuschätzen und aufzufrischen,**
- **Ihnen die Fachbegriffe ins Bewusstsein rufen, die man braucht, um lyrische Gestaltungsmittel zu erkennen und zu beschreiben,**
- **Ihnen zeigen, wie man Schritt für Schritt einen lyrischen Text erschließt,**
- **mit Ihnen zusammen die sinnvollen Arbeitsschritte hin zu einem gelungenen Interpretationsaufsatz gehen,**
- **Ihnen ermöglichen, eine offizielle Abituraufgabe zu bearbeiten und Ihre Übungsklausur selbstständig zu bewerten.**

Aufgaben zur Selbsteinschätzung

→ Lösungsheft S. 13

In diesem Teil können Sie Ihr Vorwissen zur Gedichtanalyse aktivieren und Ihre Kenntnisse selbst überprüfen.

1. Ordnen Sie den Versen die jeweiligen metrischen Fachbegriffe zu.

VI. Auf der umflossenen
Insel, der Mitte
des wogenden Meeres

III. Vegetarisch lebt
selten die Löwin
im Busch

IV. Lobe den Herren,
den mächtigen Kö-
nig der Ehren ...

V. Der schnelle Tag
ist hin; die Nacht
schwingt ihre Fahn.

I. Das Wandern ist des
Müllers Lust,/
das Wandern

II. Alle Vögel sind
schon da,
alle Vögel, alle

a. Daktylus

e. Hexameter

d. Jambus

b. Trochäus

c. Anapäst

f. sechsfüßiger
Jambus
(Alexandriner)

In der folgenden Strophe aus dem Gedicht *Die Dämmerung* (1913) will der Autor Alfred Lichtenstein durch einzelne Momentaufnahmen ohne klar erkennbaren Zusammenhang das Zerfallen der Wirklichkeit in komischer Verfremdung veranschaulichen.

Hier ist diese Gedichtstrophe in drei verschiedenen Reimformen wiedergegeben.

a
An einem Fenster klebt ein fetter Mann.
Ein Jüngling will ein weiches Weib besuchen.
Ein grauer Clown zieht sich die Stiefel an.
Ein Kinderwagen schreit und Hunde fluchen.

b
An einem Fenster klebt ein fetter Mann.
Ein Jüngling will ein weiches Weib besuchen.
Ein Kinderwagen schreit und Hunde fluchen.
Ein grauer Clown zieht sich die Stiefel an.

c
An einem Fenster klebt ein fetter Mann.
Ein grauer Clown zieht sich die Stiefel an.
Ein Jüngling will ein weiches Weib besuchen.
Ein Kinderwagen schreit und Hunde fluchen.

2. Bestimmen Sie die Reimformen und die Kadenzen in den Fassungen a–c.

3. Stellen Sie eine begründete Vermutung auf, welche Version der Autor Alfred Lichtenstein selbst gewählt hat.

ROLF DIETER BRINKMANN (1940–1975)

Einen jener klassischen

schwarzen Tangos in Köln, Ende des
Monats August, da der Sommer schon

ganz verstaubt ist, kurz nach Laden
Schluss aus der offenen Tür einer

dunklen Wirtschaft, die einem
Griechen gehört, hören, ist beinahe

ein Wunder: für einen Moment eine
Überraschung, für einen Moment

Aufatmen, für einen Moment
eine Pause in dieser Straße,

die niemand liebt und atemlos
macht, beim Hindurchgehen. Ich

schrieb das schnell auf, bevor
der Moment in der verfluchten

dunstigen Abgestorbenheit Kölns
wieder erlosch.

(1975)

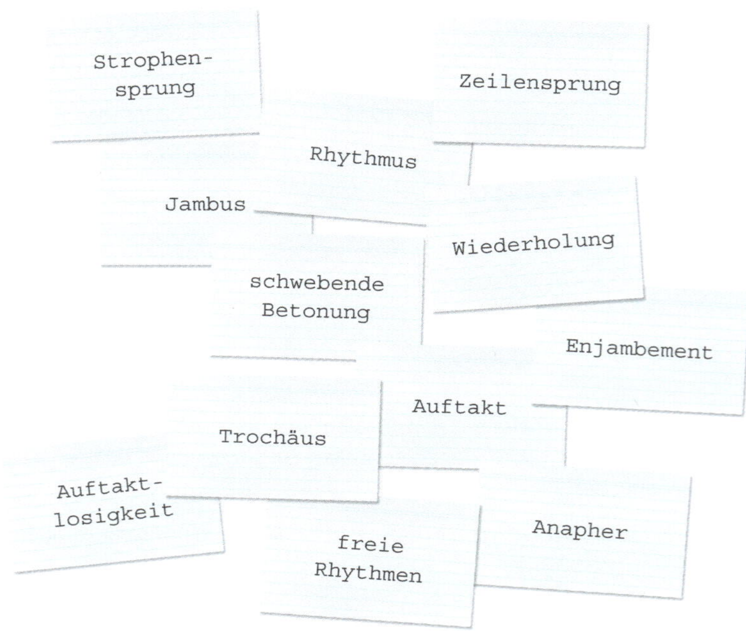

4. Beschreiben Sie die zentralen Gestaltungsmittel, mit denen Brinkmann das „Wunder" des Tangos inmitten der trostlosen Großstadt zum Klingen bringt. Wählen Sie dazu Begriffe aus dem obigen Angebot aus.

Basislexikon Gedichtanalyse

Arbeitsschritte zum Verfassen einer Analyse/Interpretation

1. Verstehenshypothese formulieren → 2. Text aspektorientiert untersuchen → 3. These formulieren → 4. Gliederung erstellen → 5. Klausur schreiben → 6. Klausur überarbeiten

1. Verstehenshypothese formulieren: Diesen Schritt sollten Sie sofort tun, nachdem Sie den Text einmal gelesen haben: Die ersten Einfälle sind meist die besten.

2. Text aspektorientiert untersuchen: Welche Aspekte sinnvoll und lohnend untersucht werden können, hängt vom Text und von der Aufgabenstellung ab. Sie sollten also den Text noch einmal gründlich lesen (Basistraining, S. 7–12) und die Aufgabenstellung analysieren (Basistraining, S. 13–14), bevor Sie sich auf Untersuchungsaspekte festlegen. Beachten Sie auch den Aspektestern unten.

3. These formulieren: Hier kann eine schriftliche Ausformulierung in einem Satz sinnvoll sein: Je prägnanter Sie Ihre These vor Augen haben, desto leichter fällt es Ihnen später beim Schreiben, einen „roten Faden" in Ihre Klausur zu bringen.

4. Gliederung erstellen: Für diesen Schritt sollten Sie ausreichend Zeit einplanen: Mit einer detailliert ausgearbeiteten Gliederung kann der eigentliche Schreibprozess leichter bewältigt werden.

5. Klausur schreiben: Lesen Sie jeden neu geschriebenen Absatz einmal durch, bevor Sie weiterschreiben. Fehler können Sie auf diese Weise sofort korrigieren. Außerdem gelingt der Anschluss des neuen Gedankens leichter und Wiederholungen werden vermieden.

6. Klausur überarbeiten: Unter Klausurbedingungen haben Sie für diesen Schritt selten genügend Zeit. Konzentrieren Sie sich beim abschließenden Durchlesen Ihrer Klausur auf die sachliche Richtigkeit und den „roten Faden".

Mögliche Aspekte zum Erschließen eines lyrischen Textes

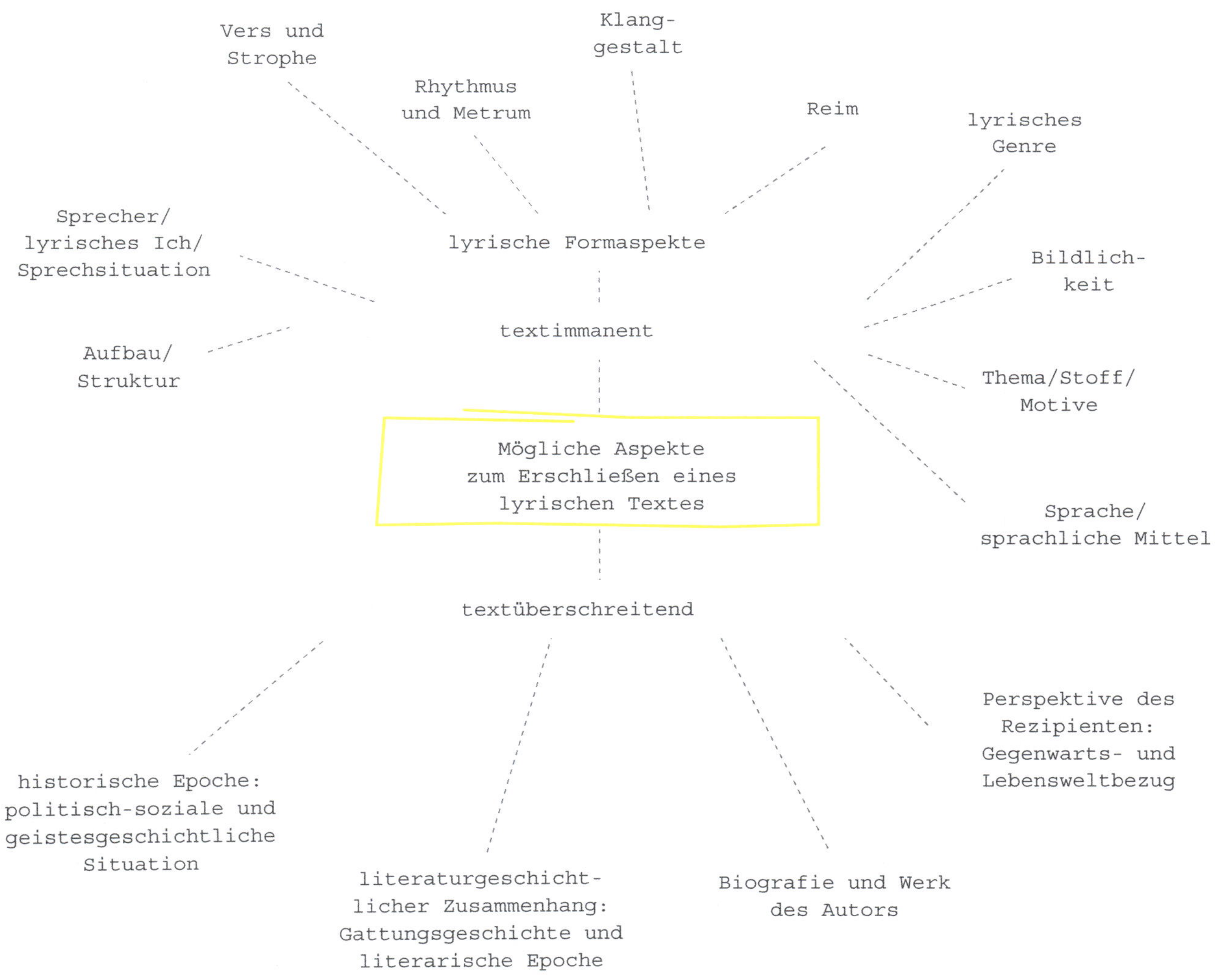

Thema/Stoff/Motive

Thema heißt der Grundgedanke eines literarischen Werkes. **Stoff** heißt der erzählbare ‚Inhalt' einer Dichtung, durch den das Motiv konkretisiert wird und eine an individuelle Personen, Orte, Zeiten gebundene Gestalt gewinnt. In der Regel kennen nur die handlungsbetonten Genres einen Stoff, nicht aber die Lyrik. Bekannteste Ausnahme: die Ballade.

Ein **Motiv** ist ein Baustein des Textes, der Bestandteil eines literarischen Stoffes, der typische, noch nicht durch Ort, Zeit, Personen etc. konkretisierte Situationen umfasst (z. B. Vatermord, Mann zwischen zwei Frauen). In der wenig handlungsbetonten und verdichteten Lyrik sind die Motive oft auf Bilder oder Bildkomplexe reduziert. Häufig auftretende lyrische Motive sind z. B. der Mond, die Nacht, die Einsamkeit, der Abschied.

Sprecher/lyrisches Ich/Sprechsituation

Lyrisches Ich heißt im Gedicht derjenige/diejenige, der/die „ich" oder „wir" sagt. Dieses Ich oder Wir sind grundsätzlich nicht mit dem Autor identisch, sondern Rollen, in die er schlüpft. Es steht ihm aber oft nahe, und der Autor kann ihm eigene Erlebnisse, Erfahrungen, Gedanken und Gefühle zusprechen.

Vers und Strophe

Erst der **Vers** – nicht der Reim – macht das Gedicht zum Gedicht. Während ein Prosatext als Fließtext gestaltet ist, ist das Gedicht durch den Zeilenbruch gekennzeichnet. Stimmen Satzende und Zeilenende überein, spricht man von **Zeilenstil**. Überspringt der Satz das Zeilenende und wird im folgenden Vers fortgesetzt, liegt ein **Enjambement** (Zeilensprung) vor.

Die **Strophe** bündelt die einzelnen Verse zu einer relativen Einheit. Es gibt freie Strophenformen, aber auch solche, die durch ihre Reimform oder durch die Metrik festgelegte Gedichtformen bilden: so z. B. das Sonett, das Volkslied oder die Ode.

Rhythmus und Metrum

Jede Form des Sprechens hat einen **Rhythmus**, das heißt eine Abfolge von betonten (Hebung) und unbetonten Silben (Senkung). Der Sprecher trägt in einem bestimmten Tempo vor oder setzt Pausen. Durch das **Metrum** werden die Hebungen und Senkungen in eine regelmäßige Abfolge gebracht. Mehrere dieser Takt-Einheiten (in denen es jeweils nur eine Hebung gibt), bilden den Vers. Dieser wird deshalb als zwei- oder drei- oder vierhebig (usw.) bezeichnet. Die Einheit selbst heißt Versfuß oder Metrum. Die im schulischen Rahmen am häufigsten auftretenden metrischen Begriffe sind:

Jambus: x x́	Erhalt uns Herr bei deinem Wort.
Trochäus: x́ x	Mitten wir im Leben sind/Mit dem Tod umfangen.
Daktylus: x́ x x	Pfingsten, das liebliche Fest, war gekommen, es grünten und blühten …
Anapäst: x x x́	durch die ewige Frage: wozu?
Alexandriner: x x́ / x x́ / x x́ / x x́ / x x́ / x x́ / (x)	Was dieser heute baut, reißt jener morgen ein.
Hexameter: x́ x x / x́ x x / x́ x x / x́ x x / x́ x x / x́ x	Im Hexameter steigt des Springquells flüssige Säule …
Pentameter: x́ x x / x́ x x / x́ // x́ x x / x́ x x / x́	… Im Pentameter drauf fällt sie melodisch herab.
freier Vers: Verse von unterschiedlicher Länge mit wechselnder Hebungszahl, aber meistens alternierend (mit regelmäßigem Wechsel von Hebung und Senkung)	Der Geist der Medizin ist leicht zu fassen! Ihr durchstudiert die groß und kleine Welt, Um es am Ende gehn zu lassen, Wie's Gott gefällt.

Klanggestalt

Das Gedicht erzielt seine Wirkung und Ausdruckswerte vor allem über die Klanggestalt der Verse: Klangfarbe, Lautmalerei und Reim erzeugen wesentliche akustische Reize.

Klangfarbe

Helle oder dunkle Vokale, weiche oder harte Konsonanten, d.h. die Tönung durch die Aussprache einzelner Laute oder Worte, können verschiedene Natureindrücke oder Gefühlszustände spiegeln:

Riechst du, wie die Flammen rauchen,
brenzlig, brutzlig, brandig schmauchen …

Lautmalerei

Die Onomatopöie ahmt akustische Eindrücke durch sprachliche Bildungen (Wort oder Satz) nach, um im Leser die gleichen Sinneseindrücke zu erzeugen:

Wie der Regen tropft, Regen tropft,
an die Scheiben klopft!

Anfang und Ende des Verses sind hinsichtlich der Klanggestalt besonders hervorgehoben:

Ein **Auftakt** liegt vor, wenn der Vers mit einer oder mehreren unbetonten Silben beginnt.	Es schlug mein Herz, geschwind zu Pferde …
Der Begriff der **Kadenz** beschreibt die metrische Struktur des Versendes. Folgt auf die letzte betonte noch eine unbetonte Silbe, spricht man von einer **klingenden oder weiblichen Kadenz**:	Festgemauert in der Erden …
Verszeilen, die mit einer Betonung enden, haben eine **stumpfe oder männliche Kadenz**.	… Steht die Form, aus Lehm gebrannt.

Reim

… ist Gleichklang zweier oder mehrerer Wörter von ihrem letzten betonten Vokal an.

Beispiel: Rang / Gang – leben / streben

Nach der Stellung des Reims im Vers unterscheidet man Anfangsreim, Binnenreim und Endreim.

Anfangsreim	Die ersten Silben zweier aufeinanderfolgender Zeilen reimen sich.	Krieg! Ist das Losungswort. Sieg! Und so klingt es fort.
Binnenreim	Zwei oder mehrere Wörter in einer Zeile reimen sich.	Bei stiller Nacht zur ersten Wacht …
Endreim	Die letzten Silben am Ende zweier oder mehrerer Verse reimen sich.	Es stand vor eines Hauses Tor Ein Esel mit gespitztem Ohr.

Häufig auftretende Formen des Endreims

- **Paarreim:** aa / bb
- **Kreuzreim:** ab / ab
- **Schweifreim:** aab / ccb
- **umschließender (umarmender) Reim:** abba
- **Haufenreim:** aaa, bbb …

Bildlichkeit

Siehe Rhetorische Figuren → S. 93 f.

Das sprachliche Bild vermittelt die für die Lyrik charakteristische Anschaulichkeit und Gefühlsintensität, erzeugt aber auch Mehrdeutigkeit. Das sprachliche Bild steht selten für sich allein. Es bildet vielmehr zusammen mit anderen Bildern Bildzusammenhänge.

Vergleich	setzt zwei Bereiche durch einen Vergleichspunkt in Beziehung. Sprachliches Zeichen ist das „wie“	Er kämpfte wie ein Löwe.
Metapher	bildhafte Übertragung, die im Kontext neue Bedeutungen schafft	Hast ein Reh du lieb vor andern / Lass es nicht alleine grasen.
Metonymie	ersetzt das eigentlich gemeinte Wort durch ein anderes, das zu ihm in enger Beziehung steht	Er liest Goethe (statt Goethes Werke)
Symbol	sinnlich wahrnehmbares Zeichen, das auf geistige Sinnzusammenhänge oder Ideen verweist, die durch eine Kultur oder die Tradition festgelegt sind	das Kreuz, Hammer und Sichel
Chiffre	bezeichnet ursprünglich ein Geheimzeichen, das mit einem Schlüssel dechiffriert werden kann; in der modernen Dichtung verkürztes, verrätseltes Zeichen, das auf eine bildliche Ausführung verzichtet und erst durch den Dichter mit Bedeutung aufgeladen wird	Schwarze Milch der Frühe wir trinken sie abends / wir trinken sie mittags und morgens wir trinken sie nachts […]

Lyrische Genres

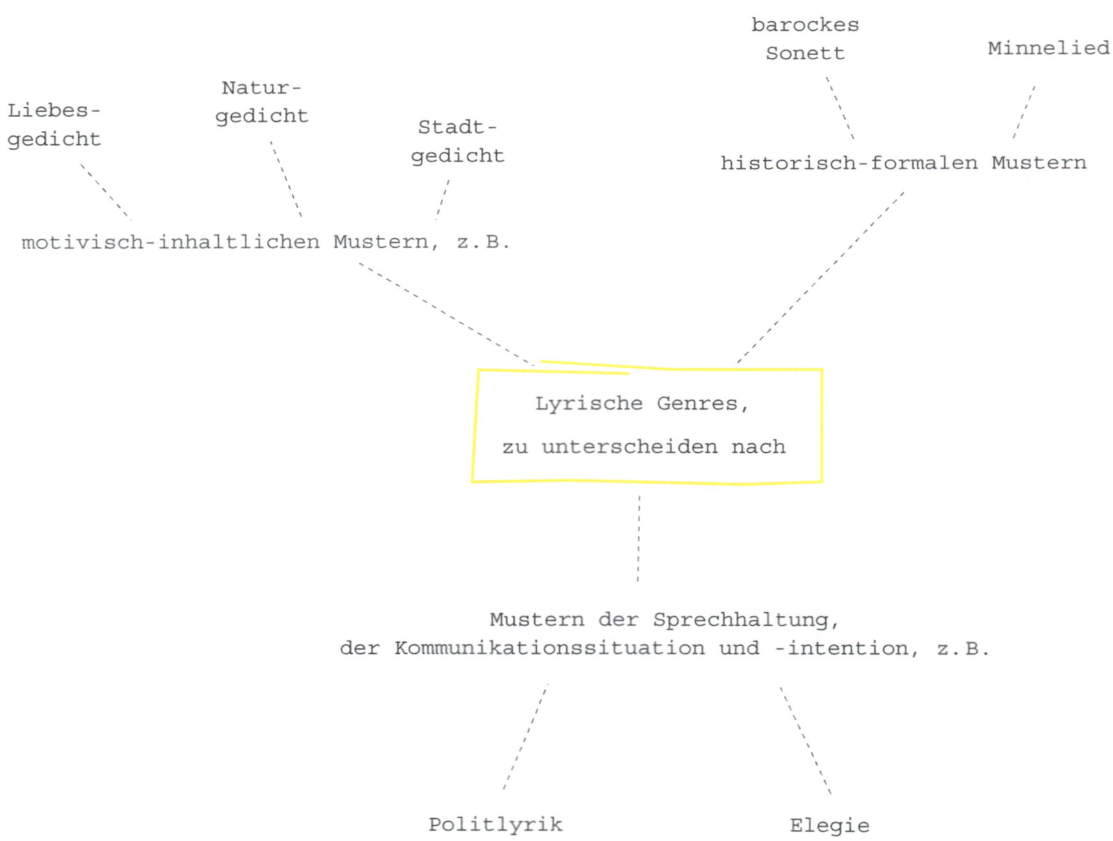

Training 1: Analyse/Interpretation eines Gedichtes

→ Lösungsheft S. 13–15

JOHANN WOLFGANG VON GOETHE (1749–1832)

[Willkommen und Abschied]

Mir schlug das Herz; geschwind zu Pferde,
Und fort, wild, wie ein Held zur Schlacht!
Der Abend wiegte schon die Erde,
Und an den Bergen hing die Nacht;
Schon stund im Nebelkleid die Eiche,
Ein aufgetürmter Riese, da,
Wo Finsternis aus dem Gesträuche
Mit hundert schwarzen Augen sah.

Der Mond von seinem Wolkenhügel,
Schien kläglich aus dem Duft hervor;
Die Winde schwangen leise Flügel,
Umsausten schauerlich mein Ohr;
Die Nacht schuf tausend Ungeheuer –
Doch tausendfacher war mein Mut;
Mein Geist war ein verzehrend Feuer,
Mein ganzes Herz zerfloss in Glut.

Ich sah dich, und die milde Freude
Floss aus dem süßen Blick auf mich.
Ganz war mein Herz an deiner Seite,
Und jeder Atemzug für dich.
Ein rosenfarbes Frühlings Wetter
Lag auf dem lieblichen Gesicht,
Und Zärtlichkeit für mich, ihr Götter!
Und hofft' es, ich verdient' es nicht.

Der Abschied, wie bedrängt, wie trübe!
Aus deinen Blicken sprach dein Herz.
In deinen Küssen, welche Liebe,
O welche Wonne, welcher Schmerz!
Du gingst, ich stund, und sah zur Erden,
Und sah dir nach mit nassem Blick;
Und doch, welch Glück! geliebt zu werden,
Und lieben, Götter, welch ein Glück.

(1775)

Goethe, die Silhouette Charlotte von Steins betrachtend, Gemälde von Georg Melchior Kraus, 1775/76

Text in alter Rechtschreibung

› Analysieren/Interpretieren Sie J. W. von Goethes Gedicht *Willkommen und Abschied.*

› Berücksichtigen Sie dabei auch den Epochenkontext.

1. Verstehenshypothese formulieren	→	2. Text aspektorientiert untersuchen	→	3. These formulieren	→	4. Gliederung erstellen	→	5. Klausur schreiben	→	6. Klausur überarbeiten

1. Notieren Sie spontan Ihre ersten Ideen zum Gedicht, vielleicht auch schon einen Deutungsansatz.

____

____

____

____

1. Verstehenshypothese formulieren	→	**2. Text aspektorientiert untersuchen**	→	3. These formulieren	→	4. Gliederung erstellen	→	5. Klausur schreiben	→	6. Klausur überarbeiten

Aspekt: Thema

1. Stellen Sie sich den Ablauf des Geschehens wie einen Film vor und klären Sie folgende Fragen:

Wohin reitet der Mann? ______________________

Aus welchen Szenen/‚Takes' besteht der Film? Geben Sie den einzelnen Episoden Titel:

a ______________________

b ______________________

c ______________________

In welchem Tempo läuft dieser innere Film ab? ______________________

Stellen Sie Veränderungen im Tempo fest? ______________________

Gibt es Zeitsprünge in der Handlung? ______________________

Aspekt: Rhythmus und Metrum

2. Bestimmen Sie jetzt erst das Metrum. Berücksichtigen Sie bei der „Feinarbeit" den folgenden Tipp:

TIPP

Eine bloß formale Analyse des Metrums ist funktionslos. Versuchen Sie, die metrische Analyse mit der des Inhalts zu verknüpfen. Die erste Strophe von *Willkommen und Abschied* ist ein besonders geeignetes Beispiel dafür, dass Metrum (Versmaß) und Rhythmus (normalsprachliche Betonung, hier farbig) nicht übereinstimmen und dadurch eine besondere Wirkung erzielen, in diesem Fall den überstürzten, euphorischen Aufbruch des Mannes zu der geliebten Frau untermalen:

Mir schlúg das Hérz; geschwìnd zu Pférde,

Auftakt und Jambus unterstützen nicht nur das Tempo, sondern akzentuieren auch den Galopp des Pferdes. Es fällt zudem auf, dass die erste volle Betonung auf dem Wort „Herz" liegt, während „schlug" nur einen Nebenakzent erhält: Auch dadurch wird die Hast betont. Zu Beginn der zweiten Zeile ist die Regelmäßigkeit des Jambus noch stärker gestört: Der Rhythmus gerät geradezu ins Stolpern:

Und fórt, wíld, wíe ein Héld zur Schlácht!

3. Untersuchen Sie in vergleichbarer Weise Rhythmus und Metrum zu Beginn der dritten Strophe:

Ich sah dich, und die milde Freude Floß aus dem süßen Blick auf mich.

Aspekt: Sprecher

Ein Ich und ein Du stehen im Mittelpunkt dieses Gedichts. Wie Sie festgestellt haben, ist der Aufbau deutlich zweigeteilt: In den ersten beiden Strophen wird geschildert, wie ein Mann einsam durch die Natur reitet, in den beiden folgenden wird die Begegnung mit der Geliebten dargestellt. Wenn Sie sich auf die jeweiligen Strophen konzentrieren, erfahren Sie Genaueres über die Emotionen vor und bei der Begegnung mit der Frau.

4. Beschreiben Sie die Gefühlswelt des Ichs, indem Sie eine Assoziationskette von Stichworten bilden. Dabei stellen Sie sich das Geschehen weiterhin bildlich vor:

1. und 2. Strophe: Sehnsucht, Verlangen, *aber auch:* Unsicherheit,

3. Strophe: Zärtlichkeit,

4. Strophe: Liebesgenuss, Erfüllung, *aber auch:*

Aspekt: Bildlichkeit

Nicht immer lassen sich Gemütszustände direkt darstellen. Viele Dichter wählen deshalb Bilder aus der Natur als „Projektionsfläche" für das Innere ihrer Figuren, so dass Natur und Innenwelt sich entsprechen.

5. Suchen Sie für den Gemütszustand des lyrischen Sprechers besonders aussagekräftige Metaphern und Vergleiche und übertragen Sie diese in begriffliche Sprache.

Der Abend wiegte schon die Erde	Mütterlichkeit, Geborgenheit, Schutz
die Eiche, / Ein aufgetürmter Riese	Übermacht, Bedrohlichkeit, Gefährdung

6. Formulieren Sie einen zusammenfassenden Befund zur psychischen Befindlichkeit des Ichs, bevor es die Geliebte erblickt:

Aspekt: lyrisches Genre

In der Geschichte der Liebeslyrik hat sich seit dem mittelalterlichen Minnesang eine eigene Gedichtform herausgebildet, in der auch die letzte Strophe dieses Gedicht steht: das „Tagelied".

INFO

Das Tagelied (der Begriff ist abgeleitet von „tagen, hell werden") ist eine gewagte lyrische Form, die die Grenzen der zur jeweiligen Zeit gültigen gesellschaftlichen Normen überschreitet. Es stellt eine verbotene Liebe dar: Entweder sind die Geliebten nicht verheiratet oder die Frau „gehört" einem anderen Mann. Es handelt sich also entweder um Ehebruchsdichtung oder um Darstellung vor- bzw. außerehelicher Geschlechtsbeziehungen.

Gegenstand des Tageliedes ist eine typische Situation: Es schildert den Abschied der Liebenden im Morgengrauen nach einer unerlaubten Liebesnacht. Die Liebenden beteuern das Glück der Vereinigung und trennen sich unter Liebkosungen. Oft bildet die Klage der verlassenen Frau den Abschluss.

7. Zwischen der dritten und der vierten Strophe befindet sich ein „Sprung", eine sogenannte Unbestimmtheitsstelle: Was verschweigt das lyrische Ich?

8. Klären Sie vor diesem Hintergrund, welche besonderen Akzente Goethe in der vierten Strophe setzt. Achten Sie dabei besonders auf die Rollen, die Mann und Frau einnehmen.

Aspekt: Epochenkontext

Um Goethes Gedicht in seiner Epoche zu verstehen, können Sie die folgenden Stichworte zu Tendenzen des „Sturm und Drang" nutzen.

MATERIAL

Jugendbewegung – Genie – der Künstler als Nacheiferer Gottes – Gefühlskult – leidenschaftlicher Gefühlsausdruck – Vergöttlichung der Natur – natürliche Gesellschaftsordnung – Naturmensch/Kulturmensch – Freiheit des Individuums – Erlebnisdichtung – Ablehnung der „Regeln" und Normen in Kunst und Gesellschaft – Auflehnung gegen eine reine Verstandeskultur – Selbstentfaltung – Gedankenfreiheit – Volkstümlichkeit – zurück zu den Ursprüngen – Schöpfertum – Neologismen (Wortneuschöpfungen) – Wortschatz der Empfindsamkeit („Herz", „Wonne", „überfließen") – Hyperbeln – Störung der grammatischen Norm: Ellipsen (Auslassung von Satzbestandteilen), Inversionen (Umkehrung der normgerechten Wortstellung)

9. Überprüfen Sie, ob und wie sich die angegebenen Charakteristika der Epoche in Goethes Gedicht spiegeln.

Aspekt: Biografischer Kontext

1788 hat Goethe (nunmehr 39 Jahre alt) dieses Gedicht des Einundzwanzigjährigen für die erste Gesamtausgabe seiner Werke bearbeitet. Vor allem die letzte Strophe hat er stark verändert.

2. Fassung

Doch ach! schon mit der Morgensonne
Verengt der Abschied mir das Herz:
In deinen Küssen, welche Wonne!
In deinem Auge, welcher Schmerz!
Ich ging, du standst und sahst zur Erden,
Und sahst mir nach mit nassem Blick:
Und doch, welch Glück geliebt zu werden!
Und lieben, Götter, welch ein Glück!

1. Fassung

Der Abschied, wie bedrängt, wie trübe!
Aus deinen Blicken sprach dein Herz.
In deinen Küssen, welche Liebe,
O welche Wonne, welcher Schmerz!
Du gingst, ich stund, und sah zur Erden,
Und sah dir nach mit nassem Blick;
Und doch, welch Glück! geliebt zu werden,
Und lieben, Götter, welch ein Glück.

Texte in alter Rechtschreibung

10. Vervollständigen Sie den Vergleich der beiden Fassungen (einschließlich der Satzzeichen!), indem Sie die Änderungen in der 2. Fassung farblich markieren. Stellen Sie eine Vermutung an, warum Goethe auf diese Weise in sein Jugendwerk eingegriffen hat. Beziehen Sie den folgenden INFO-Kasten in Ihre Überlegungen ein.

INFO

Seit 1776 befindet sich Goethe im weimarischen Staatsdienst. Er übernimmt 1779 die Leitung der Kriegs- und Wegbaukommission, gehört zum engsten Beraterstab des Herzogs und wird 1779 zum Geheimen Rat ernannt. Er ist für den Weimarer Herzog in diplomatischen Missionen unterwegs und wird 1782 vom Kaiser geadelt. Im September 1786 bricht er heimlich aus seinen amtlichen Pflichten aus und bereist bis Juni 1788 Italien. Dort entdeckt er die Kunst der Antike für sich. In Auseinandersetzung mit ihr entwickelt er neue ästhetische Maßstäbe. Formung nach antiken Gesetzen der Schönheit, ausgewogenes Maß und harmonisches Zusammenspiel der Teile zu einem wohlproportionierten Ganzen sind die Ideale dieser klassischen Kunst.

Nach seiner Rückkehr aus Italien beginnt Goethe, die erste Ausgabe seiner gesammelten Werke zum Druck vorzubereiten …

1. Verstehenshypothese formulieren → 2. Text aspektorientiert untersuchen → **3. These formulieren** → 4. Gliederung erstellen → 5. Klausur schreiben → 6. Klausur überarbeiten

1. Überprüfen Sie nun Ihre Verstehenshypothese (S. 54). Formulieren Sie sie eventuell um oder spitzen Sie sie zu einer These zu.

1. Überlegen Sie, warum die folgenden Vorgehensweisen dem Auftrag „analysieren/interpretieren Sie" nicht entsprechen, und formulieren Sie in der rechten Spalte positiv, was „analysieren/interpretieren" heißt:

„ein Gedicht analysieren/interpretieren" heißt nicht:	*„ein Gedicht analysieren/interpretieren" heißt:*
a den Inhalt des Gedichtes Vers für Vers („linear") wiedergeben	
b die stilistischen Mittel aufzählen	
c die Zahl der Verse und Strophen abzählen und angeben	
d ein metrisches Schema des gesamten Gedichts auflisten	
e eine Analyse des Metrums an den Anfang stellen	
f ausführlich über die Biografie des Dichters Auskunft geben	
g eigene Vorstellungen und Assoziationen zum Thema des Gedichts entwickeln	
h sich in die Gefühls- und Gedankenwelt des Autors hineinversetzen und diese nachempfinden	

Einleitung

Ein Schüler hat seine Einleitung so gestaltet:

Das Gedicht „Willkommen und Abschied" ist 1775 von Johann Wolfgang Goethe veröffentlicht worden. Es besteht aus vier Strophen, die aus jeweils acht Zeilen zusammengesetzt sind. Es ist im Kreuzreim verfasst. Das Metrum ist der Jambus. Die Kadenzen sind abwechselnd klingend und stumpf. In der ersten Strophe reitet das lyrische Ich nachts zu seiner Geliebten.

2. Halten Sie die Stärken und Schwächen dieser Einleitung tabellarisch fest:

Stärken	*Schwächen*

3. Formulieren Sie vor diesem Hintergrund selbst einen Einleitungssatz, der folgende Informationen enthalten sollte: Titel, Verfasser, Textart, Entstehungszeit/Jahr der Veröffentlichung, Epoche, zentrales Thema.

Überleitung zum Hauptteil

TIPP

Vor der eigentlichen Analyse sollte eine knappe Textbeschreibung stehen:

- **Ort und Zeit des Geschehens**
- **beteiligte Personen**
- **Entwicklung des Geschehens (in Form einer Zusammenfassung, die sich an den Abschnitten des Textes orientiert)**
- **Ergebnis der Handlung**

Eine Schülerin hat ihre Textbeschreibung so formuliert:

> An einem zeitlich nicht genauer bestimmten Abend fasste ein weiter nicht bekannter Mann den Entschluss, trotz des Einbruchs der Dunkelheit loszureiten. Er brach auf „wie ein Held zur Schlacht". Obwohl er durch die gespenstische Nacht sehr entsetzt war, ließ er sich durch die Ungeheuer, denen er im Dunkeln begegnete, nicht beeindrucken. Da plötzlich sieht er vor sich seine Geliebte und ist von ihr überwältigt. Am anderen Morgen nahm sie von ihm Abschied, während er weinend zurückblieb.

4. Formulieren Sie die Textbeschreibung um, nachdem Sie den folgenden Tipp gelesen haben:

TIPP

Bei der Textbeschreibung gerät man allzu leicht ins Nacherzählen.

Vermeiden Sie deshalb das Präteritum. Das Tempus der Analyse ist das Präsens. So machen Sie deutlich, dass Sie nicht selbst ins Geschehen eingebunden sind, sondern dazu in Distanz stehen.

Um den Überblick möglichst knapp zu gestalten, verzichtet man in der Textbeschreibung auch auf wörtliche Zitate.

Vermeiden Sie zudem sprachliche Signale, die charakteristisch sind für das Erzählen (z. B. „da", „dann", „danach", „in diesem Moment", „plötzlich").

Nicht nur die Einleitung, auch der Übergang zur eigentlichen Analyse kann zu Blockaden führen. Der erste überleitende Satz ist von besonderer Bedeutung, weil Sie hier die Weichen stellen für alles Weitere.

5. Wählen Sie eine der folgenden Möglichkeiten:

- Sie formulieren den ersten Eindruck, den Sie von dem Gedicht hatten, oder die Wirkung, die es auf Sie als Leser ausgeübt hat. Danach gehen Sie von dieser subjektiven Ebene über zu einer sachlich-analytischen.

> Beim ersten Lesen macht das lyrische Ich auf mich einen hoch emotionalen Eindruck. Es stürmt drauflos, scheint seine Gefühle nicht unter Kontrolle zu haben und durchlebt ein Wechselbad der Gefühle...
>
> Dieser Eindruck bestätigt sich, wenn ...

- Sie konstruieren (aus rhetorischen Gründen) einen falschen Eindruck, den der Leser haben könnte, den Sie aber korrigieren:

> Auf den ersten Blick scheint es, als wolle sich das lyrische Ich in eine Schlacht begeben, denn seine Vergleiche stammen aus dem militärischen Bereich („Held", „Schlacht"). Doch diese kriegerischen Vergleiche erzeugen beim Leser eine falsche Erwartungshaltung. Tatsächlich reitet der junge Mann zu seiner Geliebten ...

- Sie entwerfen ein erstes Textverständnis, erarbeiten es in der folgenden Analyse systematisch und überprüfen am Schluss, ob sich Ihre Interpretationshypothese bestätigt oder nicht.

> Goethes *Willkommen und Abschied* ist ein enthusiastisches Liebesgedicht, in dessen Mittelpunkt eine Begegnung des lyrischen Ichs mit seiner Geliebten steht. Wie dieses Rendezvous abläuft, ist nur schwer zu rekonstruieren, da das Gedicht mit vielen Metaphern ausgestattet ist und wesentliche Elemente der Handlung ausgeblendet werden. Ich vermute jedoch, dass das Begehren des Mannes in der dargestellten Nacht erfüllt wird und werde in der folgenden Analyse u. a. überprüfen, ob diese Vermutung stimmt.

- Wenn Sie sich Ihrer Sache sicher sind, beginnen Sie nicht mit einer Hypothese, sondern mit einer These, die das wesentliche Ergebnis Ihrer Analyse benennt.

> Im Zentrum von Goethes Gedicht steht eine verbotene Liebe: Ein Mann reitet am Abend zu seiner Geliebten, verbringt die Nacht mit ihr, muss sie aber im Morgengrauen wieder verlassen ...

- Sie nutzen Ihr Wissen über den Autor oder den Epochenkontext, skizzieren kurz diesen Hintergrund und ordnen das Gedicht in den Zusammenhang ein.

> Goethes Liebesgedicht könnte geradezu als Prototyp der „Sturm und Drang" genannten Epoche gelten. Voller widersprüchlicher Gefühle stürmt ein junger Mann in der Nacht zu seiner Geliebten, ist hingerissen von ihr, schläft mit ihr, muss sich am Morgen von ihr trennen – und dankt trotz der Trennung den Göttern, dass es dieses Glück erleben durfte.

› Sie werfen eine Frage auf, die Sie durch die Analyse beantworten wollen.

Es scheint, als habe das lyrische Ich auf dem nächtlichen Ritt zu seiner Freundin Angst. Oder ist es nur freudig erregt? Die Vergleiche und Metaphern, die es für seinen Gemütszustand wählt, deuten auf beides hin …

› Sie knüpfen an einen zentralen Satz des Gedichtes an (hier bietet sich das Resümee an, das Goethe selbst am Schluss zieht):

„Und doch, welch Glück! geliebt zu werden, / Und lieben, Götter, welch ein Glück." – Goethes *Willkommen und Abschied* endet mit einem Jubelruf, der in einer abschließenden Sentenz die ganze Begeisterung des lyrischen Sprechers zusammenfasst, obwohl er gerade von seiner Geliebten verlassen wurde. Wie kommt es zu einem solchen verblüffenden Fazit?

Zu Beginn scheint dem lyrischen Ich wahrhaftig nicht zum Jubeln zumute zu sein ….

Hauptteil

ABI

Lassen Sie sich nicht von der „Chronologie" des Textes leiten. Die Gefahr, ins Nacherzählen zu geraten, ist dann besonders groß. Gliedern Sie nicht textchronologisch, sondern aspektorientiert! So vermeiden Sie auch Wiederholungen. Überdies ist ein aspektorientiertes Verfahren eine größere Abstraktionsleistung und wird höher bewertet.

Angenommen, Sie haben die zweite Möglichkeit der Überleitung zum Hauptteil (falscher und korrigierter erster Eindruck) gewählt – dann haben Sie damit einen Übergang geschaffen, um die seelische Situation des lyrischen Sprechers im Zusammenhang mit den Vergleichen und Metaphern zu analysieren.

Auf den ersten Blick scheint es, als wolle sich das lyrische Ich in eine Schlacht begeben, denn seine Vergleiche stammen aus dem militärischen Bereich („Held", „Schlacht"). Doch diese kriegerischen Bilder erzeugen beim Leser eine falsche Erwartungshaltung. Tatsächlich reitet der junge Mann zu seiner Geliebten. Er empfindet die innere Spannung und Herausforderung durch die zu erwartende Liebesnacht als so dramatisch, dass ihm der Vergleich mit einem in die Schlacht ziehenden Helden passend erscheint, ihn zugleich aber auch Ängste vor der Begegnung mit der geliebten Frau in Atem halten. Diese Ambivalenz seines Gemüts prägt die beiden ersten Strophen und lässt sich vor allem an den Bildern ablesen, mit denen der Aufruhr in der Natur veranschaulicht wird …

6. Setzen Sie die Analyse der Naturmetaphorik fort. Nutzen Sie dazu Ihre Vorarbeiten (S. 55).

Inhaltliche und formale Komponenten in der Analyse zu verknüpfen ist besonders wichtig, aber auch nicht einfach.

Hier ein gelungenes Beispiel:

> Die Dynamik, die die ersten beiden Strophen bestimmt, wird zurückgenommen, als der Mann die Geliebte erblickt. Es ergibt sich in diesem Moment ein Überraschungseffekt: Er ist überwältigt. Dem entspricht eine ganz andere Form der Metaphorik als in den ersten Strophen. An die Stelle der düsteren und bedrohlichen Darstellung treten Bilder, die Zärtlichkeit und Liebe ausdrücken …

7. Vergegenwärtigen Sie sich die Aspekte, die Sie im Erschließungsteil (S. 54–57) erarbeitet haben.

8. Führen Sie die weiteren Abschnitte des Hauptteils auf einem eigenen Blatt aus.

9. Um den Hauptteil der Analyse abzuschließen,

- beschreiben Sie das Rollenverhältnis von Mann und Frau in der vierten Strophe,
- ordnen Sie Ihre Analyseergebnisse dem Epochenkontext zu und
- schließen mit einer Vermutung zum biografischen Kontext.

Schluss

Der Schluss-Teil Ihrer Analyse ist nicht weniger wichtig als die Einleitung. Geben Sie mit der Einleitung Ihre Visitenkarte ab, so hinterlassen Sie mit den letzten Sätzen unter Umständen einen nachhaltigen Eindruck auf Ihren Leser.

Einige Vorschläge für einen prägnanten Abschluss der Analyse:

- Sie **resümieren** Ihre Analyse, greifen das (die) für Sie wichtigste(n) Ergebnis(se) heraus und unterstreichen dessen (deren) Bedeutung.
- Wenn Sie im ersten Teil mit einer **Deutungshypothese** gearbeitet haben, so greifen Sie jetzt darauf zurück und **überprüfen** diese. Entweder bestätigen Sie sie, widerlegen sie oder variieren sie (jeweils unter der Angabe von Gründen).
- Sie entwickeln ein **Urteil** zum Gedicht – sei es zu seiner ästhetischen Gestalt, sei es zu seinem Inhalt. Das sollten Sie aber nur dann tun, wenn Sie dieses Urteil auch gut begründen können.
- Sie **vergleichen** das Gedicht (zusammenfassend) mit einem anderen Text, der Ihre Analyse unterstützt oder zu ihm im Gegensatz steht, und ziehen Schlüsse aus dem Vergleich.
- Sie verlassen den Rahmen einer historisch orientierten Analyse und fragen nach der **Bedeutung** des Gedichtes **für Sie selbst oder die Gegenwart** (Vorsicht – ein bloßes Beteuern, dass der Text „immer noch aktuell" sei, reicht hier nicht).
- Sie stellen Ihre Ergebnisse in einen weiteren Horizont, formulieren einen **Ausblick**, der über die Analyse hinausgeht.

Für den *Ausblick*, eine recht schwierige Figur des Schlusses, hier ein abschließender Textbaustein:

> In *Willkommen und Abschied* wird besonders deutlich, dass der Sturm und Drang eine Jugendbewegung ist. Der jugendliche Dichter schert sich wenig um die gesellschaftlichen Konventionen seiner Zeit und scheint eine natürliche Gesellschaftsordnung zu favorisieren. Allerdings kreisen die Gefühle und Gedanken nur um das Ich und seine Geliebte – die Gesellschaft selbst wird ausgeblendet. Auch das ist charakteristisch für viele Schriftsteller des Sturm und Drang: Sie setzen sich zwar über die Normen ihrer Zeit hinweg, denken aber nicht daran, diese zu verändern. Deshalb blieb diese Bewegung politisch wirkungslos.

Training 2: Vergleichende Analyse/Interpretation von zwei motivverwandten Gedichten

→ Lösungsheft S. 15–16

JOSEPH VON EICHENDORFF (1788–1857)

Zwielicht

Dämmrung will die Flügel spreiten,
Schaurig rühren sich die Bäume,
Wolken ziehn wie schwere Träume –
Was will dieses Graun bedeuten?

Hast ein Reh du lieb vor andern,
Lass es nicht alleine grasen,
Jäger ziehn im Wald und blasen,
Stimmen hin und wieder wandern.

Hast du einen Freund hienieden,
Trau ihm nicht zu dieser Stunde,
Freundlich wohl mit Aug und Munde,
Sinnt er Krieg im tückschen Frieden.

Was heut müde gehet unter,
Hebt sich morgen neugeboren.
Manches bleibt in Nacht verloren –
Hüte dich, bleib wach und munter!

(1812)

Caspar David Friedrich, Der Abend, 1820/21, Öl auf Leinwand

ALFRED LICHTENSTEIN (1889–1914)

Die Dämmerung

Ein dicker Junge spielt mit einem Teich.
Der Wind hat sich in einem Baum gefangen.
Der Himmel sieht verbummelt aus und bleich,
Als wäre ihm die Schminke ausgegangen.

Auf lange Krücken schief herabgebückt
Und schwatzend kriechen auf dem Feld zwei Lahme.
Ein blonder Dichter wird vielleicht verrückt.
Ein Pferdchen stolpert über eine Dame.

An einem Fenster klebt ein fetter Mann.
Ein Jüngling will ein weiches Weib besuchen.
Ein grauer Clown zieht sich die Stiefel an.
Ein Kinderwagen schreit und Hunde fluchen.

(1913)

Georges Grosz, Straßenszene, 1916, Kreide auf Papier

- Analysieren/Interpretieren Sie vergleichend Joseph von Eichendorffs *Zwielicht* und Alfred Lichtensteins *Die Dämmerung*.
- Ordnen Sie beide Gedichte einer literarhistorischen Epoche zu und begründen Sie Ihre Zuordnung.

Um zwei Gedichte miteinander sinnvoll in Bezug setzen zu können, bedarf es einer „Schnittmenge", einer Anzahl von Gemeinsamkeiten, die einen Vergleich überhaupt erst erlauben. Gedichte können vergleichbar sein

- in Thema oder zentraler Motivik,
- in der Welt- und Menschendarstellung,
- in der formalen Gestaltung (z. B. Strophenform – Sonett, Volkslied etc.)
- oder wegen ihrer Zugehörigkeit zu derselben Epoche.

ABI

Meist werden für Prüfungsaufgaben motivgleiche oder -verwandte Gedichte ausgesucht. Dadurch ist der Umfang der denkbaren Vergleichsmöglichkeiten begrenzt.

Typische lyrische Motive, die in allen Epochen immer wieder auftreten, sind:

- **Liebe**
- **Tod**
- **Krieg**
- **Leben(slauf), Lebenssinn**
- **Tageszeiten**
- **Jahreszeiten**
- **Stadt/menschliches Zusammenleben**

Auch kann man in der Regel davon ausgehen, dass die beiden zu vergleichenden Gedichte

- **aus verschiedenen Epochen stammen**
- **diese Epochen (nicht unbedingt zeitlich, jedoch) in ihrer Deutung der Welt sowie in ihrem Selbstverständnis weit auseinanderliegen.**

So werden immer wieder kontrastierende Vergleiche gewählt zwischen

- **Romantik und Expressionismus**
- **Barock und Expressionismus**
- **Sturm und Drang und Klassik**
- **Neuer Sachlichkeit oder Expressionismus und Lyrik nach 1945**

1. Verstehens-hypothese formulieren → 2. Text aspekt-orientiert untersuchen → 3. These formulieren → 4. Gliederung erstellen → 5. Klausur schreiben → 6. Klausur überarbeiten

Damit Sie sich ganz auf den Vergleich und seine schriftliche Darstellung konzentrieren können, sind im Folgenden zentrale Aspekte der Einzelanalyse der beiden Gedichte zum Thema „Dämmerung" vorgegeben.

JOSEPH VON EICHENDORFF

Zwielicht

Aspekt: Aufbau

1. Naturbild: die bedrohlich aufziehende Dämmerung – Frage nach der Bedeutung für den Beobachter (1. Strophe)
2. Antwort auf die Frage und Deutung des Naturbildes: Gefährdung menschlicher Beziehungen
   2.1 Bedrohung der Liebe (2. Strophe)
   2.2 Bedrohung der Freundschaft (3. Strophe)
3. Resümee: Vertrauen auf den kommenden Morgen, aber auch Bewusstsein bleibender Gefährdung – Schlussappell an die Vernunft (4. Strophe)

Aspekt: lyrisches Ich

Lyrisches Ich skizziert ein Naturbild, deutet es dann selbst aus; von der 2. Strophe an wendet es sich dreimal appellativ an ein „Du". Dieser Dialog mit dem impliziten Leser ist geprägt durch den Imperativ: Das Ich sieht eine Gefahr, gibt seiner Sorge Ausdruck, will warnen. Vermutung: Im Du spricht es wie in einem Spiegel-Ich von sich selbst und der eigenen Gefährdung.

Aspekte: Bildlichkeit und Motive

- **Zwielicht:** Scheide zwischen Tag und Nacht, bezeichnet sowohl Abend- wie Morgendämmerung, benennt auch Unklarheit in geistigen oder seelischen Zuständen, deutet im übertragenen Sinne („zwielichtiger Geselle") List und Tücke an, Unheimliches, nicht der Normalität Entsprechendes, u. U. sogar Verbrecherisches
- **„Dämmrung":** bedrückend wie die aufziehenden Wolken, zieht alles ins Zwielicht, Personifikation der Dämmerung zum dunklen Vogel, Wirklichkeit verliert eindeutige Konturen, das scheinbar Vertraute wird zweifelhaft und bedrohlich, das Zwielicht vermittelt „Graun" (die Farbe grau und den seelischen Zustand des Grauens)
- **Wolken/schwere Träume:** Bild der Schwermut, der Melancholie (grau = Farbe der Melancholie), unbestimmter Weltschmerz, Einsamkeit und Verlassensein des lyrischen Ichs
- **Reh:** Bild der Geliebten, ‚Freiwild', Gefährdung durch die „Jäger", die erotischen Konkurrenten; das Reh muss behütet werden: sowohl dem weiblichen wie dem männlichen Eros ist wegen Untreue und Tücke nicht zu trauen
- **Wald:** Inbegriff der deutschen Romantik, Ort der Erfüllung verborgener Wünsche; soziologisch Gemeinschaftseigentum, kein Privatbesitz des Adels; deshalb Ort der Freiheit, der freien, unbürgerlichen, nicht reglementierten Liebe (Venus); einerseits verführerisch-faszinierend, verheißungsvoll, andererseits gefährdend
- **Jäger/Horn:** Jäger als wildernde Nebenbuhler, das Locken der Hörner als Verlockung der Sinnlichkeit; außereheliche, unbürgerliche Erotik; Instabilität der freien erotischen Beziehungen („Stimmen hin und wieder wandern"), Liebe ohne Verantwortung
- **Morgen:** Beendung der Angst durch das Licht der Morgenröte, Bannung der Nachtgespenster, Wiedergeburt nach dem nächtlichen „Tod", aber fortbestehende Gefährdung: „Manches bleibt in Nacht verloren"
- **Fazit zur Bildgestaltung:** Kein wirkliches Naturerlebnis des lyrischen Ichs, Naturmotive sind Formeln, die Bedeutungen tragen, wenige immer wiederkehrende Motive und Zeichen als Gemütsausdruck; Eichendorffs Natur-Formeln sprechen über menschliche Gefühle und seelische Zustände

Aspekt: lyrisches Genre

Vierzeiler, vierfüßiger Trochäus, umarmender Reim, weibliche (klingende) Kadenzen, unreiner Reim (Z. 1, 4); schlichte Volksliedstrophe, doch artistisch durchkomponierte Bildwelt

INFO

Charakteristisch für das Volkslied sind einfache, aber stets gereimte Strophen (Paar- oder Kreuzreim). Der Reim wird großzügig behandelt, nicht selten finden sich unreine Reime. Das Metrum ist vielfach alternierend (abwechselnd betont/unbetont oder unbetont/betont), grundsätzlich besteht aber Füllungsfreiheit, d. h., auf eine betonte Silbe können auch mehrere unbetonte folgen. Am beliebtesten ist die vierhebige Form. Wegen ihrer Einprägsamkeit wurde die Volksliedstrophe vor allem im Kinderlied und im Kirchenlied gerne benutzt. Die Dichter des Sturm und Drang und der Romantik haben sie wiederentdeckt und in Kunstliedern oft höchst anspruchsvoll variiert.

Aspekt: Epochenkontext

Spätromantik. Eichendorff erkennt die Gefahren einer romantischen Traumverlorenheit. Ihm sind die Nachtseiten der Wirklichkeit bewusst. Er kennt aber auch die Appelle der Aufklärung genau. So schwankt er im „Zwielicht" zwischen den Polen Nacht – Tag, Sinnlichkeit – Vernunft, Romantik – Aufklärung. Die Situation verbleibt auch nach Anbruch des Tages im „Zwielicht", changiert zwischen Licht und Finsternis, Untergang und Neugeburt, Wachsein (Vernunft) und Selbstverlust (Sinnlichkeit, Sehnsucht). Fortbestehende Ambivalenz zwischen Gefährdung und Rettung: Ordnung, Klarheit, Bürgerlichkeit bleiben durch die Sinnlichkeit, die Lust, die Musik bedroht. Die Verführbarkeit der menschlichen Natur muss von der Vernunft kontrolliert bleiben („bleib wach und munter").

ALFRED LICHTENSTEIN

Die Dämmerung

Aspekt: Aufbau

Zeilenstil; parallele, simultane Abläufe ohne Beziehung zueinander, punktuelle Eindrücke ohne inhaltliches Gliederungsprinzip; keine Entwicklung einer Handlung, keine inhaltliche Struktur, keine Zusammenhänge; stereotype Satzbilder: Subjekt - Prädikat - (Objekt); kein Abschluss, kein Resümee, die Reihung könnte im gleichen Stil fortgesetzt werden; Vorbild: die unverbundene Reihung von Schlagzeilen in Jakob van Hoddis' groteskem Gedicht *Weltende*

MATERIAL

JAKOB VAN HODDIS (1889–1942)

Weltende

Dem Bürger fliegt vom spitzen Kopf der Hut,
In allen Lüften hallt es wie Geschrei.
Dachdecker stürzen ab und gehn entzwei,
Und an den Küsten – liest man – steigt die Flut.

Der Sturm ist da, die wilden Meere hupfen
An Land, um dicke Dämme zu zerdrücken.
Die meisten Menschen haben einen Schnupfen.
Die Eisenbahnen fallen von den Brücken.

(1911)

Aspekt: Motive

„Dämmerung": Rückbezug auf das romantische, gefühlsselige, stimmungsgeladene Verständnis des Begriffs, dessen Widerlegung im Verlauf des Gedichts

Wie bei Eichendorff auch eine übertragene, nicht nur wörtliche Bedeutung von Dämmerung / Zwielicht: Uneindeutigkeit der Wirklichkeit, Zerfall der klaren Konturen des Wirklichkeitsverständnisses, Unsicherheit in der Wahrnehmung von Welt; vielleicht auch apokalyptische Assoziationen an „Götterdämmerung"

Neu bei Lichtenstein: der harte Kontrast, die Parodie auf die Romantik, das Bestreben, alles Romantisch-Atmosphärische zu zerstören

Aspekt: Epochenkontext

Befund	*Darstellungsform*	*einzelne Stilphänomene*
Großstadtszenerie, Reizüberflutung	Momentaufnahmen, Reihungsstil	Belanglosigkeiten, Heterogenität, Betonung der Prädikate (der mehr oder weniger belanglosen oder sinnlosen Handlungen)
neue Sicht auf die Wirklichkeit	Verfremdung	keine normalen Aktionen und Reaktionen. Handlung passt nicht zum Objekt oder zum Subjekt; Enttäuschung der normalsprachlich geregelten Erwartung durch Veränderung der Grammatik: der Junge „spielt *mit* einem Teich" (Z. 1), der Mann „klebt" am Fenster (Z. 9)
Unsicherheit in der Wahrnehmung		„vielleicht", „will … besuchen"
Wirklichkeitsbereiche sind verwischt, die Grenzen zwischen Dingen, Tieren und Menschen aufgehoben	Groteske	Gegenständliches wird personifiziert („Himmel"), Personen werden verdinglicht („Kinderwagen"); Tiere sind vermenschlicht (anthropomorph), Menschen als Tiere dargestellt: Hunde fluchen, ein Mann klebt am Fenster (wie eine Fliege)

Befund	*Darstellungsform*	*einzelne Stilphänomene*
Zweideutigkeit/ Doppelgesicht der Wirklichkeit	nicht nur Groteske, sondern auch Komik	Alliteration und Anfangsreim: der Jüngling auf dem Weg zu einem „**wei**chen **Wei**b" (Z. 10), der **f**ette Mann am **F**enster (Z. 9)
Auflösung der Individualität	Gattungsbezeichnungen	„Ein ... Junge", „ein ... Dichter", „ein Jüngling", „ein ... Clown"; oft keine Attribute, wenn doch, dann nicht individualisierend, sondern uncharakteristisch (dick, fett, blond, grau), Häufigkeit des unbestimmten Artikels (10x „ein" in zwölf Zeilen)
Wirklichkeit als Chaos ohne erkennbaren Sinn	Zusammenstellung von Heterogenem, Unvereinbarem	der Himmel bleich/grau wie der Clown; Disparates scheinbar selbstverständlich kombiniert („auf *lange* Krücken ... *herab*gebückt ... *kriechen*", Z. 5 f.), Widerspruch zwischen Substantiv und Attribut = Oxymoron („grauer Clown", Z. 11)

Fazit zur stilistischen und inhaltlichen Gestaltung (Wahrnehmung der Welt, Weltbild): Kategorien des alltäglichen, ‚normalen' Blicks auf die Wirklichkeit sind aufgelöst; Unterlaufen der normalen Erwartungen des Lesers; dieser in die Verunsicherung durch die neue Wahrnehmung einbezogen; Kausalität ist aufgelöst in ein Nebeneinander

Aspekt: lyrisches Genre

Vierzeiler, fünfhebiger Jambus, Kreuzreim, alternierend weibliche (klingende) und männliche (stumpfe) Kadenzen; schlichte, traditionelle Form, die – wie oft in der expressionistischen Lyrik – in Gegensatz zum Inhalt steht; kaum Enjambements, stattdessen Zeilenstil: Satzeinheit und Zeile sind gleich.

Aspekt: Aufgabe (Gedichtvergleich)

ABI

Um den schriftlichen Vergleich der beiden Gedichte systematisch vorzubereiten, empfiehlt es sich, nicht nur die beiden Gedichte separat zu erschließen, sondern eine tabellarische Übersicht vorzubereiten, in der Gemeinsamkeiten und Unterschiede stichwortartig zusammengefasst sind. Dieser Vergleich ist im Blick auf die Aufgabenstellung wesentlich. Es heißt ja dort: „Analysieren/Interpretieren Sie *vergleichend*".

Bedenken Sie vor allem: Den eigentlichen Vergleich schreiben Sie zum Schluss der Klausur. Da wird es im Blick auf die Zeit meistens sehr eng. Auch Ihre Konzentration lässt nach. Deshalb ist es sehr wichtig, dass Sie sich in der Analyse-Phase schon Klarheit über den Vergleich verschafft haben und am Ende des Schreibprozesses auf Ihre Vorarbeiten zurückgreifen können.

1. Stellen Sie tabellarisch Gemeinsamkeiten und Unterschiede der beiden Gedichte zusammen:

Unterschiede zwischen Eichendorff und Lichtenstein		*Gemeinsamkeiten*
Zwielicht	*Die Dämmerung*	
Natur	Großstadt	Thema: Abend/Dämmerung
empfindsames Stimmungsgedicht	Komik, Groteske, Distanz	

1. Verstehens-hypothese formulieren → 2. Text aspekt-orientiert untersuchen → 3. These formu-lieren → **4. Gliederung erstellen** → 5. Klausur schreiben → 6. Klausur überarbeiten

Um die Aufgabenstellung „Analysieren/Interpretieren Sie vergleichend …" auszuführen, gibt es verschiedene allgemein anerkannte Wege.

1. Wählen Sie eine der im TIPP-Kasten dargestellten Gliederungsmöglichkeiten und erstellen Sie eine entsprechende Gliederung auf einem eigenen Blatt.

TIPP

Der Gedichtvergleich

Die einfachste Vorgehensweise

Beide Texte werden gesondert analysiert, in einem dritten Teil werden sie miteinander verglichen:

1. **Analyse und Interpretation der beiden Gedichte**
   - **1.1 Gedicht 1**
   - **1.2 Gedicht 2**
2. **Vergleich der beiden Gedichte**
   - **2.1 Gemeinsamkeiten und Unterschiede in der Thematik**
   - **2.2 Gemeinsamkeiten und Unterschiede im Aufbau**
   - **2.3 Gemeinsamkeiten und Unterschiede in der Motivik**
   - **2.4 Gemeinsamkeiten und Unterschiede in der metrischen und stilistischen Gestaltung**
   - **2.5 Gemeinsamkeiten und Unterschiede in Wahrnehmung der Wirklichkeit und Weltbild**
   - **2.6 Begründete Zuordnung zur jeweiligen Epoche**
3. **Zusammenfassung (denkbar auch: Stellungnahme, ästhetisches Urteil)**

Der Vorteil **dieser Methode: Der Verfasser behält den Überblick und kann die Aufgabe sukzessiv bearbeiten. Eine allmähliche Klärung der Gedanken beim Schreiben ist in begrenztem Maße möglich.**

Probleme **bei diesem Vorgehen: Es kommt leicht zu Wiederholungen, da beim abschließenden Vergleich mehrfach auf Ergebnisse aus den Einzelanalysen Bezug genommen werden muss. Man verliert sich u. U. in Details, die für den Vergleich unerheblich sind.**

Die anspruchsvollere Methode

Der historisch ältere Text wird zuerst systematisch untersucht, der zweite jedoch nicht in sich betrachtet, sondern immer in Bezug zum ersten. Ein abschließender Teil hebt noch einmal vertiefend die zentralen Aspekte hervor.

Die Vorteile: **Nur für den Vergleich relevante Ergebnisse werden benannt. Die Darstellung ist klar und übersichtlich gegliedert, da Sie aspektorientiert verfahren (müssen).**

Das Problem: **Eine Entwicklung der Gedanken beim Schreiben ist ausgeschlossen. Bevor Sie mit dem Schreiben überhaupt beginnen können, müssen Sie eine detaillierte Gliederung entwickelt haben, da Sie sonst den Überblick verlieren.**

Die anspruchsvollste Darstellungsform

Beide Texte werden unmittelbar und aspektorientiert miteinander in Bezug gesetzt. Dieses Verfahren ist nur geübten Schreibern zu empfehlen: Es erfordert eine hohe Konzentration und eine große Sicherheit im Umgang mit den Texten. Intensive Vorarbeiten sind erforderlich, bevor mit dem Schreiben begonnen werden kann.

1. Verstehens-hypothese formulieren → 2. Text aspekt-orientiert untersuchen → 3. These formulieren → 4. Gliederung erstellen → **5. Klausur schreiben** → 6. Klausur überarbeiten

1. Formulieren Sie – mit Rückgriff auf Ihre Gliederung – den Gedichtvergleich auf einem eigenen Blatt.

Original-Abituraufgabe

→ Lösungsheft S. 16–17

CHRISTIAN HOFFMANN VON HOFFMANNSWALDAU

Vergänglichkeit der Schönheit

Es wird der bleiche Tod mit seiner kalten Hand
Dir endlich mit der Zeit um deine Brüste streichen,
Der liebliche Korall der Lippen wird verbleichen,
Der Schultern warmer Schnee wird werden kalter Sand;

Der Augen süsser Blitz[1], die Kräfte deiner Hand,
Für welchen solches fällt, die werden zeitlich[2] weichen.
Das Haar, das itzund kann des Goldes Glanz erreichen,
Tilgt endlich Tag und Jahr als ein gemeines[3] Band.

Der wohlgesetzte Fuß, die lieblichen Gebärden,
Die werden teils zu Staub, teils nichts und nichtig werden,
Denn[4] opfert keiner mehr der Gottheit deiner Pracht.

Dies und noch mehr als dies muß endlich untergehen.
Dein Herze kann allein zu aller Zeit bestehen,
Dieweil es die Natur aus Diamant gemacht.

(1695)

BERTOLT BRECHT

Entdeckung an einer jungen Frau

Des Morgens nüchterner Abschied, eine Frau
Kühl zwischen Tür und Angel, kühl besehn
Da sah ich: eine Strähn in ihrem Haar war grau
Ich konnt mich nicht entschließen mehr zu gehn

Stumm nahm ich ihre Brust, und als sie fragte
Warum ich Nachtgast nach Verlauf der Nacht
Nicht gehen wolle, denn so war's gedacht
Sah ich sie unumwunden an und sagte

Ist's nur noch eine Nacht, will ich noch bleiben
Doch nütze deine Zeit, das ist das Schlimme
Daß du so zwischen Tür und Angel stehst

Und laß uns die Gespräche rascher treiben
Denn wir vergaßen ganz, daß du vergehst
Und es verschlug Begierde mir die Stimme

(1925/26)

Texte in alter Recht_schreibung

1 **Blitz:** Blick

2 **zeitlich:** mit der Zeit

3 **gemeines:** gemeinsames

4 **denn:** dann

INFO

Christian Hoffmann von Hoffmannswaldau (1617–1679); deutscher Dichter des Barock. Schüler von Martin Opitz.

Bertolt Brecht (1898–1956); Dichter, Dramatiker mit Weltgeltung. Verstand sich als sozialistisch-marxistischer Schriftsteller. Kritik an der bürgerlichen Gesellschaft und am Kapitalismus. Entwicklung einer modernen Theaterform: das sogenannte epische Theater.

› Analysieren Sie das Gedicht *Vergänglichkeit der Schönheit* von Christian Hoffmann von Hoffmannswaldau unter Beachtung seiner Epochenzugehörigkeit.

› Vergleichen Sie anschließend die Thematik des Gedichts und ihre Gestaltung mit Brechts Gedicht *Entdeckung an einer jungen Frau*.

Analyse/Interpretation dramatischer Texte

Katharina Schmalenberg als Elisabeth und Ingo Huelsmann als Philipp II. in einer Aufführung des *Don Karlos* am Deutschen Theater Berlin, 2007

Dramatische Texte nehmen innerhalb der literarischen Gattungen eine Sonderstellung ein: Sie sind nicht primär zum Lesen gemacht, sondern als Spielvorlage für eine Inszenierung gedacht. Während ein gedruckter Text von seinem Leser erwartet, dass er sich die erfundene Wirklichkeit als wirklich *vorstellt*, simuliert der gespielte Text auf der Bühne eine Wirklichkeit, die von den Zuschauern als Realität *wahrgenommen* werden soll.

Manche Theaterkonzepte streben dabei eine starke gefühlsmäßige Wirkung an, andere wollen das Geschehen auf der Bühne so inszenieren, dass den Zuschauern immer wieder bewusst wird, dass es sich um Bühnenwirklichkeit handelt. Gleichgültig, ob nun Furcht und Mitleid erzeugt oder Reflexion freigesetzt werden soll: Der im Theater inszenierte dramatische Text will auf den Zuschauer wirken. Und diese Wirkung geht nicht nur vom Text aus, ist nicht nur in der Inszenierung angelegt, sondern bestimmt sich ganz wesentlich auch aus der aktuellen Situation, in der der Zuschauer sich befindet.

Damit aber Theater zum Mittel der Erkenntnis und Veränderung werden und damit man mit Vergnügen am Theaterleben teilnehmen kann, braucht man ein gewisses Handwerkszeug. Nur mit seiner Hilfe kann man beispielsweise erfassen, mit welchen Techniken der Autor das Interesse des Zuschauers weckt, wie er den Zuschauer zur Identifikation einlädt, wie er seine Sympathien auf bestimmte Figuren lenkt, ihm Urteile und (u. U. fragwürdige) moralische Werte vermittelt. Im Literaturunterricht der Sekundarstufe II lernen Sie daher, mit dramatischen Texten – hier schon aus praktischen Gründen zunächst verstanden als *Lesetexte* und nicht als Textvorlagen für eine Inszenierung – kompetent umzugehen. Und aus diesem Grund ist auch die Analyse/Interpretation dramatischer Texte eine wichtige Aufgabenart im Abitur.

Das folgende Kapitel will

- **Ihnen helfen, Ihr Wissen über dramatische Texte einzuschätzen und aufzufrischen,**
- **Ihnen die Fachbegriffe ins Bewusstsein rufen, die man braucht, um die Strukturen eines dramatischen Textes zu beschreiben,**
- **Ihnen zeigen, wie man Schritt für Schritt einen dramatischen Text erschließt,**
- **mit Ihnen zusammen die sinnvollen Arbeitsschritte hin zu einem gelungenen Interpretationsaufsatz gehen,**
- **Ihnen ermöglichen, eine offizielle Abituraufgabe zu bearbeiten und Ihre Übungsklausur selbstständig zu bewerten.**

Aufgaben zur Selbsteinschätzung

→ Lösungsheft S. 17–18

In dem MiniDrama von Friedrich Karl Waechter sind viele Elemente eines dramatischen Textes enthalten. Sie können Ihr Wissen überprüfen und Ihre Kenntnisse aktivieren, wenn Sie das Minidrama mit Hilfe der Aufgaben analysieren.

FRIEDRICH KARL WAECHTER (1937–2005)

Der Fisch

Ein alter Clown rollt im Rollstuhl auf die Bühne und versucht, sein Publikum zu unterhalten, als wäre er ein junger Clown, bis er umkippt und daliegt wie ein Fisch am Ufer, der nach Luft schnappt. Ein Fisch schwimmt über die Bühne, als sei sie sein Element.

DER FISCH Quicklebendig, quicklebendig.

DER CLOWN verfolgt den Fisch mit den Augen, studiert seinen Kurs, nimmt all seine letzte List und Kraft zusammen, den Fisch zu fangen. Es gelingt.

DER CLOWN lässt den Fisch über seinem offenen Maul zappeln Füsch. Quücklebendig, quücklebendig.
DER FISCH Ein Fisch, der schmeckt, kann nie sprechen.
DER CLOWN Was?
DER FISCH Ein Fisch, der spricht, kann nie schmecken.
DER CLOWN Ich durchschaue dich, Füsch. Du wüllst nur wieder herumschwümmen.
DER FISCH Ich will herumschwimmen.
DER CLOWN Quücklebendig, quücklebendig.
DER FISCH Lässt du mich, hast du einen Wunsch.
DER CLOWN lässt den Fisch schwimmen Ich wünsch, ich bün wieder jung und …

Der Fisch schwimmt davon, der Clown springt jung hinterher, fängt ihn und lässt den Fisch über seinem offenen Maul zappeln …
DER CLOWN … und du schmeckst gut und machst müch quücklebendig, Füsch, wie du. Der Clown verschluckt den Fisch und zeigt, wie gut er schmeckt.
DER FISCH aus dem Inneren des Clowns Ich mach dich quicklebendig, quicklebendig. Er treibt den Clown über den Kurs, den der Fisch zu schwimmen pflegte.
DER CLOWN Schwümm langsam, Füsch. Mir geht die Puste aus, Füsch.
DER FISCH im Inneren des Clowns Quicklebendig, quicklebendig.

DER CLOWN rast über den Kurs, bis er tot umfällt.

DER FISCH schwimmt dem Clown aus dem Maul Quicklebendig, quicklebendig.

(1987)

INFO

Dieses MiniDrama entstammt einer Sammlung von Mini-Dramen ganz unterschiedlicher Autoren aus vielerlei Ländern. MiniDramen sind – wie der Herausgeber dieser Sammlung sagt – „Kürzeststücke […], mehr die Idee als deren Realisierung". Und weil das MiniDrama so kurz ist, kann es auch nicht damit rechnen, aufgeführt zu werden. Das MiniDrama ist „oft der kürzeste Weg zur erhellenden szenischen Pointe". Es spielt ganz bewusst mit Bruchstücken der Welt und des Theaters, „um in den Splittern selbst ein MiniWelt-Theater zu entdecken. Dies erscheint dann in absurden Dialogen, komischen Nummern, blutigen Witzen, makabren Pointen – als Minidrama."

1. Unterscheiden Sie den Sprechtext (Dialogtext) vom inszenatorischen Text (Regieanweisung), dadurch, dass Sie den inszenatorischen Text gelb markieren.

2. Beschreiben Sie die Funktionen, die die inszenatorischen Textteile in diesem Minidrama haben.

3. Versuchen Sie, in wenigen Stichworten den dramatischen Konflikt zu bestimmen.

4. Stellen Sie dar, wie der Konflikt dramaturgisch aufgebaut ist.

Exposition: inszenatorischer Text bis Aussage des Fisches: „Quicklebendig."

Steigerung:

Höhepunkt:

Retardation:

Katastrophe/Lösung:

5. Erläutern Sie, wie die Figuren gezeichnet sind.

Aussehen:

Verhaltensweisen:

Charakter oder Typ:

6. Beschreiben Sie die Dialogführung.

7. Welche nicht-sprachlichen Mittel (Gestik/Mimik) werden von den Figuren eingesetzt?

8. Beschreiben und erläutern Sie den Zusammenhang zwischen dem, was die Figuren sagen, und dem, was sie tun.

Basislexikon Dramenanalyse

Arbeitsschritte zum Verfassen eine Analyse/Interpretation

1. Verstehenshypothese formulieren → 2. Text aspektorientiert untersuchen → 3. These formulieren → 4. Gliederung erstellen → 5. Klausur schreiben → 6. Klausur überarbeiten

1. Verstehenshypothese formulieren: Diesen Schritt sollten Sie sofort tun, nachdem Sie den Text einmal gelesen haben: Die ersten Einfälle sind meist die besten.

2. Text aspektorientiert untersuchen: Welche Aspekte sinnvoll und lohnend untersucht werden können, hängt vom Text und von der Aufgabenstellung ab. Sie sollten also den Text noch einmal gründlich lesen (Basistraining, S. 7–12) und die Aufgabenstellung analysieren (Basistraining, S. 13–14), bevor Sie sich auf Untersuchungsaspekte festlegen. Beachten Sie auch den Aspektestern unten.

3. These formulieren: Hier kann eine schriftliche Ausformulierung in einem Satz sinnvoll sein: Je prägnanter Sie Ihre These vor Augen haben, desto leichter fällt es Ihnen später beim Schreiben, einen „roten Faden" in Ihre Klausur zu bringen.

4. Gliederung erstellen: Für diesen Schritt sollten Sie ausreichend Zeit einplanen: Mit einer detailliert ausgearbeiteten Gliederung kann der eigentliche Schreibprozess leichter bewältigt werden.

5. Klausur schreiben: Lesen Sie jeden neu geschriebenen Absatz einmal durch, bevor Sie weiterschreiben. Fehler können Sie auf diese Weise sofort korrigieren. Außerdem gelingt der Anschluss des neuen Gedankens leichter und Wiederholungen werden vermieden.

6. Klausur überarbeiten: Unter Klausurbedingungen haben Sie für diesen Schritt selten genügend Zeit. Konzentrieren Sie sich beim abschließenden Durchlesen Ihrer Klausur auf die sachliche Richtigkeit und den „roten Faden".

Mögliche Aspekte zum Erschließen eines dramatischen Textes

Mögliche Aspekte zum Erschließen eines dramatischen Textes

textimmanent:
- Figuren/Figurenkonstellation
- dramatisches Sprechen
- Gestaltung von Zeit und Raum
- Handlungsführung/Konflikt
- Wirkungsmittel
- Strukturelemente
- dramatisches Genre

textüberschreitend:
- historische Epoche: politisch-soziale und geistesgeschichtliche Situation
- literaturgeschichtlicher Zusammenhang: Gattungsgeschichte und literarische Epoche
- Biografie und Werk des Autors
- Perspektive des Rezipienten: Gegenwarts- und Lebensweltbezug

Siehe
Charakterisierung
→ S. 25

Figuren/Figurenkonstellation

- Charakter: Figur, die ein Innenleben hat, aus dem heraus ihre Handlungen verständlich sind
- Typ: Figur, die kein individuelles Innenleben hat, sondern nur typische Merkmale;
  Beispiel: der Geizige, der Misanthrop
- Protagonist/Antagonist
- Hauptfigur/Nebenfigur
- Fallhöhe: der hohe soziale (später auch der moralische) Status, von dem aus die Figur in ihr Unglück fällt
- Ständeklausel: vor der Aufklärung spielen Tragödien/ernste Dramen in der Adelsschicht, Komödien im Bürgertum; Lessing hebt die Ständeklausel im „Bürgerlichen Trauerspiel" auf.

Dramatisches Sprechen

Monolog	Selbstgespräch einer Bühnenfigur
Dialog	von zwei Figuren abwechselnd geführte Rede und Gegenrede
Botenbericht	Eine Bühnenfigur berichtet von vergangenen Ereignissen, die auf der Bühne nicht dargestellt werden können. Der Botenbericht ist, wie die Teichoskopie, ein Mittel zur Wahrung der „drei Einheiten" im „geschlossenen Drama".
Teichoskopie	Mauerschau: Durch den Bericht eines Beobachters – oft von erhöhter Warte aus – werden gleichzeitig ablaufende Ereignisse vergegenwärtigt, die auf der Bühne nicht darstellbar sind, z. B. Schlachten oder Schiffskatastrophen.
Beiseitesprechen	Eine Bühnenfigur sagt etwas, das ihre Dialogpartner auf der Bühne nicht hören, wohl aber das Publikum.
Chor	im antiken Drama eine Gruppe von Figuren, die durch Sprechgesänge die Handlung auf der Bühne kommentiert, aber auch die Spielfiguren wie die Zuschauer direkt anspricht

Gestaltung von Zeit und Raum

- „Drei Einheiten": nach Aristoteles sollen Zeit, Raum und Handlung eines Dramas einheitlich bleiben, d. h. Zeitsprünge, Ortsveränderungen und Nebenhandlungen vermieden werden
- Diskontinuität des zeitlichen Ablaufs, Zeitsprünge
- Wechsel des Ortes, Vielheit der Orte

Handlungsführung / Konflikt

- Haupthandlung
- Nebenhandlung
- Aufbau des klassischen Dramas:
  - Exposition: Einstieg in die Handlung, Vorstellung der Figuren, Andeutung des Konflikts
  - Steigerung: Die Handlung wird durch ein steigerndes Moment in Gang gesetzt, der Handlungskonflikt wird deutlich sichtbar.
  - Höhepunkt/Peripetie: Der Konflikt kommt zum Ausbruch; seine Unlösbarkeit wird zum entscheidenden Wendepunkt im Schicksal einer Figur.
  - Retardation: Die Katastrophe wird durch ein retardierendes Moment (z. B. Hoffnung auf eine Lösung) hinausgezögert.
  - Katastrophe: Der Handlungskonflikt führt zum Untergang des Helden oder zu einer schlimmen Folge für die Figuren.
- Handlungsverläufe:
  - Vorgeschichte und ihre Enthüllung
  - Vorgriff und Verwirklichung
  - Rückgriff und Wiederholung
- Dramatischer Konflikt:
  - Partei- und Koalitionsbildung
  - Intrige
  - Konfrontation
- Spannungserzeugung:
  - erregende Momente
  - retardierende Momente
  - Spannungsabfall
  - Spannungslösung

Wirkungsmittel

- sprachliche Wirkungsmittel:
  - Prosa
  - Blankvers (reimloser fünfhebiger Jambus)
  - Stilart (Register), z. B. schlichte Stilart (Alltagssprache) oder pathetisch-erhabene Stilart (Gebrauch zahlreicher Stilmittel und Redefiguren)
  - Tempo und Rhythmisierung
- außersprachliche Wirkungsmittel:
  - Gestik, Mimik
  - Kostüm, Maske
  - Choreographie
  - Bühnenbild, Requisiten, Beleuchtung
  - Klang, Musik, Geräusch

Strukturelemente des Dramas

Szene (Auftritt)	Unterabschnitt der dramatischen Handlung
Akt (Aufzug)	Hauptabschnitt der dramatischen Handlung, dessen Schluss häufig durch das Fallen des Vorhangs gekennzeichnet ist
Prolog	Vorrede, die in die Thematik des Stückes einführt
Epilog	Nachspiel, das die Handlung reflektiert
Zwischenspiel	Unterbrechung der eigentlichen Handlung durch kurze, meist komische Szenen, im epischen Theater durch Lieder

Dramatische Genres

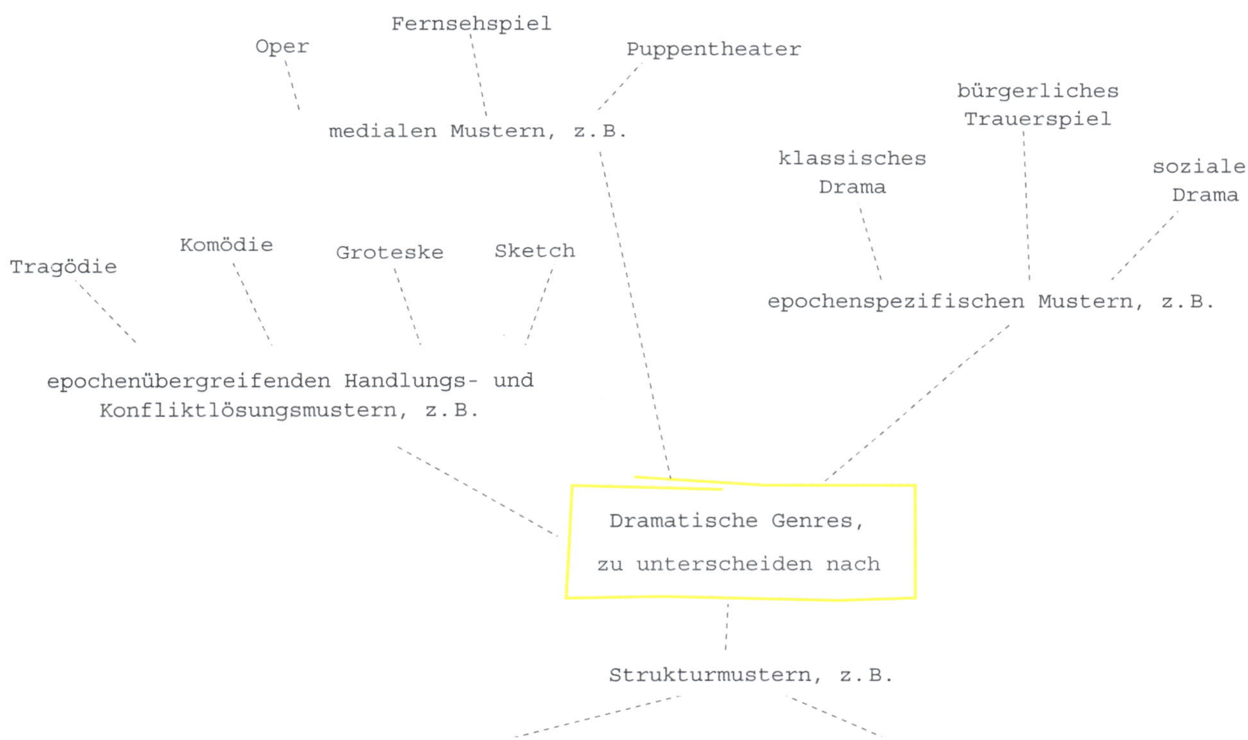

geschlossenes Drama

zeichnet sich aus durch die Einhaltung der Einheit von Zeit, Ort und Handlung und der Ständeklausel; pathetisch-erhabene Stilart; die einzelnen Szenen sind kausal miteinander verknüpft, die Handlungen sind stilisiert, der Aufbau ist streng symmetrisch; Voraussetzung: die Welt wird als grundsätzlich verständlich, als ein geordnetes Ganzes angesehen

offenes Drama

Zeitsprünge und Vielheit der Orte, mehrere Handlungsstränge, Gespräche zwischen Vertretern unterschiedlicher Stände üblich, Alltagssprache; die einzelnen Szenen stehen relativ unverbunden nebeneinander, aber jede steht für die Gesamtproblematik des Stückes; Einheit des Stückes durch zentrale Figuren, wiederkehrende Orte, Motive; Voraussetzung: die Welt wird als nicht mehr in sich verständlich, sondern zufällig und chaotisch wahrgenommen

Training: Analyse/Interpretation einer Dramenszene

→ Lösungsheft S. 18–20

FRIEDRICH SCHILLER (1759–1805)

Don Karlos (1. Akt, 6. Auftritt)

König. Königin. Herzog Alba. Graf Lerma. Domingo. Einige Damen und Granden, welche in der Entfernung zurückbleiben.

KÖNIG *sieht mit Befremden umher und schweigt eine Zeit lang*
Was seh ich! Sie hier! So allein, Madame?
Und auch nicht eine Dame zur Begleitung?
Das wundert mich – wo bleiben Ihre Frauen?
KÖNIGIN Mein gnädigster Gemahl –
KÖNIG Warum allein?
Zum Gefolge Von diesem unverzeihlichen Versehn
Soll man die strengste Rechenschaft mir geben.
Wer hat das Hofamt bei der Königin?
Wen traf der Rang, sie heute zu bedienen?
KÖNIGIN O, zürnen Sie nicht, mein Gemahl – ich selbst,
Ich bin die Schuldige – auf mein Geheiß
Entfernte sich die Fürstin Eboli.
KÖNIG Auf Ihr Geheiß?
KÖNIGIN Die Kammerfrau zu rufen,
Weil ich nach der Infantin mich gesehnt.
KÖNIG Und darum die Begleitung weggeschickt?
Doch dies entschuldigt nur die erste Dame:
Wo war die zwote?
MONDEKAR *welche indessen zurückgekommen ist und sich unter die übrigen Damen gemischt hat, tritt hervor* Ihre Majestät,
Ich fühle, dass ich strafbar bin –
KÖNIG Deswegen
Vergönn ich Ihnen zehen Jahre Zeit,
Fern von Madrid darüber nachzudenken.
Die Marquisin tritt mit weinenden Augen zurück. Allgemeines Stillschweigen. Alle Umstehenden sehen bestürzt auf die Königin.
KÖNIGIN Marquisin, *wen* beweinen Sie? *Zum König*
Hab ich
Gefehlt, mein gnädigster Gemahl, so sollte
Die Königskrone dieses Reichs, wornach
Ich selber nie gegriffen habe, mich
Zum mindesten vor dem Erröten schützen.
Gibts ein Gesetz in diesem Königreich,
Das vor Gericht Monarchentöchter fordert?
Bloß Zwang bewacht die Frauen Spaniens?
Schützt sie ein Zeuge mehr als ihre Tugend?
Und jetzt Vergebung, mein Gemahl – ich bin
Es nicht gewohnt, die mir mit Freude dienten,
In Tränen zu entlassen. – Mondekar!
Sie nimmt ihren Gürtel ab und überreicht ihn der Marquisin.
Den König haben Sie erzürnt – nicht mich –
Drum nehmen Sie dies Denkmal meiner Gnade
Und dieser Stunde. – Meiden Sie das Reich –
Sie haben nur in Spanien gesündigt;
In meinem Frankreich wischt man solche Tränen
Mit Freuden ab. – O, muss michs ewig mahnen?
Sie lehnt sich an die Oberhofmeisterin und bedeckt das Gesicht.
In meinem Frankreich wars doch anders.
KÖNIG *in einiger Bewegung* Konnte
Ein Vorwurf meiner Liebe Sie betrüben?
Ein Wort betrüben, das die zärtlichste
Bekümmernis auf meine Lippen legte?
Er wendet sich gegen die Grandezza.
Hier stehen die Vasallen meines Throns.
Sank je ein Schlaf auf meine Augenlider,
Ich hätte denn am Abend jedes Tags
Berechnet, wie die Herzen meiner Völker
In meinen fernsten Himmelsstrichen schlagen? –
Und sollt ich ängstlicher für meinen Thron
Als für die Gattin meines Herzens beben? –
Für meine Völker haftet mir mein Schwert,
Dies Auge nur für meines Weibes Liebe.
KÖNIGIN Verdien ich diesen Argwohn, Sire?
KÖNIG Ich heiße
Der reichste Mann in der getauften Welt;
Die Sonne geht in meinem Staat nicht unter –
Doch alles das besaß ein andrer schon,
Wird nach mir mancher andre noch besitzen.
Das ist mein eigen. Was der König hat,
Gehört dem Glück – Elisabeth dem Philipp.
Hier ist die Stelle, wo ich sterblich bin.
KÖNIGIN Sie fürchten, Sire?
KÖNIG Dies graue Haar doch nicht?
Wenn ich einmal zu fürchten angefangen,
Hab ich zu fürchten aufgehört[1] –
Zu den Granden Ich zähle
Die Großen meines Hofs – der Erste fehlt.
Wo ist Don Karlos, mein Infant?
Niemand antwortet. Der Knabe
Don Karl fängt an, mir fürchterlich zu werden.
Er meidet meine Gegenwart, seitdem
Er von Alkalas[2] hoher Schule kam.
Sein Blut ist heiß, warum sein Blick so kalt?
So abgemessen festlich sein Betragen?
Seid wachsam. Ich empfehl es euch.
ALBA Ich bins.
Solang ein Herz an diesen Panzer schlägt,
Mag sich Don Philipp ruhig schlafen legen.
Wie Gottes Cherub[3] vor dem Paradies
Steht Herzog Alba vor dem Thron.

1 zu fürchten aufgehört: hier: Wenn etwas die Furcht der Könige erregt, ist es schon so gut wie beseitigt.

2 Alkalá: Universitätsstadt in der Nähe von Madrid

3 Cherub: Ein die Pforte des Paradieses bewachender Engel

LERMA Darf ich
Dem weisesten der Könige in Demut
Zu widersprechen wagen? – Allzu tief
Verehr ich meines Königs Majestät,
Als seinen Sohn so rasch und streng zu richten.
Ich fürchte viel von Karlos' heißem Blut,
Doch nichts von seinem Herzen.
KÖNIG Graf von Lerma,
Ihr redet gut, den Vater zu bestechen:
Des Königs Stütze wird der Herzog sein –
Nichts mehr davon – *Er wendet sich gegen sein Gefolge.*
Jetzt eil ich nach Madrid.
Mich ruft mein königliches Amt. Die Pest
Der Ketzerei steckt meine Völker an,
Der Aufruhr wächst in meinen Niederlanden.
Es ist die höchste Zeit. Ein schauerndes
Exempel soll die Irrenden bekehren.
Den großen Eid, den alle Könige
Der Christenheit geloben, lös ich morgen.
Dies Blutgericht soll ohne Beispiel sein;
Mein ganzer Hof ist feierlich geladen.
Er führt die Königin hinweg, die Übrigen folgen.

(1787)

Analysieren/Interpretieren Sie die Szene.

INFO

Don Karlos gilt in Hinblick auf die Form als Schillers erstes klassisches Drama. Obwohl die Handlung gegen Ende des 16. Jahrhunderts in Spanien spielt, gestaltet der Dichter einen Konflikt, in dessen Zentrum die Grundgedanken der Aufklärung, insbesondere die Idee der Freiheit stehen.

Philipp II., der das spanische Weltreich als absoluter Monarch regiert, hat die frühere Verlobte seines Sohnes, des Kronprinzen Don Karlos, aus Staatsgründen geheiratet. Don Karlos ist noch immer in Elisabeth von Valois verliebt, die jetzt allerdings seine ‚Stiefmutter' geworden ist. Er vertraut sich seinem Freund, Marquis Posa, an. Der vermittelt ein Gespräch mit der Königin, die Don Karlos jedoch dazu auffordert, seine Liebe zu vergessen und sich für die Befreiung der Niederlande aus der spanischen Unterdrückung einzusetzen.

Philipp II., der mit harter Hand regiert, spürt, dass er am eigenen Hof keinen Menschen hat, dem er vertrauen kann. Deshalb sucht er in Marquis Posa einen Vertrauten. Er weiß nämlich, dass Marquis Posa sich niemals scheut, seine eigene Meinung zu vertreten, und selbst ihm, dem König, nicht nach dem Munde reden wird. Marquis Posa versucht den König davon zu überzeugen, den Niederlanden die Freiheit zu geben, ja, im gesamten spanischen Reich „Gedankenfreiheit" zu erlauben.

Da Philipp II. nicht auf seine Forderung eingeht, beschließt Marquis Posa – ohne Wissen von Don Karlos – den König durch eine Intrige dazu zu bringen, Don Karlos die Befehlsgewalt über die Niederlande zu geben. Die Intrige wird aufgedeckt, Marquis Posa erschossen und Don Karlos, der sich an die Spitze der Truppen in Flandern setzen will, der Inquisition überantwortet.

Der 6. Auftritt des 1. Aktes spielt in der Sommerresidenz des spanischen Königs, im königlichen Garten in Aranjuez. Dort befindet sich auch das Landhaus der Königin, das Philipp eigens für seine Frau dort erbauen ließ. Elisabeth von Valois, die Königin, zieht sich bewusst vom Königspalast in Madrid und damit von den Staatsgeschäften ihres Mannes zurück. Unmittelbar zuvor hat Don Karlos mit Elisabeth gesprochen und ihr seine Liebe gestanden. Sie hat ihn zurückgewiesen und ihn aufgefordert, seine Gefühle zu besiegen und für die Befreiung der Niederlande zu kämpfen. Dieses Gespräch ist von Marquis Posa vermittelt worden, dem die Königin vertraut und dessen politische Ideen sie teilt. Um ungestört mit Don Karlos reden zu können, hat Elisabeth die Hofdamen weggeschickt.

1. Verstehenshypothese formulieren → 2. Text aspektorientiert untersuchen → 3. These formulieren → 4. Gliederung erstellen → 5. Klausur schreiben → 6. Klausur überarbeiten

1. Entwickeln Sie eine kurze Handlungsskizze:

Wie ist die Situation? (Ort, Zeit) ______________________

Welche Figuren treten auf, in welcher Reihenfolge? ______

Worüber sprechen sie? ______

Wie ist ihr Verhältnis zueinander? ______

2. Beschreiben Sie Ihren ersten Eindruck von der Szene: Wer/ was beeindruckt / interessiert Sie besonders?

3. Worum geht es in dieser Szene? Entscheiden Sie sich für eines oder mehrere der Stichworte und formulieren Sie eine entsprechende Verstehenshypothese in ganzen Sätzen.

- ☐ Kampf der Geschlechter
- ☐ Vater-Sohn-Konflikt
- ☐ Religionskriege
- ☐ Verhältnis Hofstaat-Königshaus
- ☐ Problem der Freiheit in einem absolutistischen Staat
- ☐ Heimweh der Königin

1. Verstehenshypothese formulieren → **2. Text aspektorientiert untersuchen** → 3. These formulieren → 4. Gliederung erstellen → 5. Klausur schreiben → 6. Klausur überarbeiten

TIPP

Wenn in der Klausuraufgabe keine speziellen Untersuchungsaspekte vorgegeben werden, müssen Sie diese – entsprechend Ihrer Verstehenshypothese – selbst festlegen. Die folgende Fragekette kann Ihnen dabei helfen:

Wer	→	**Aspekt: Figuren/Figurenkonstellation**
spricht	→	**Aspekt: dramatisches Sprechen**
mit wem	→	**Aspekt: Figuren/Figurenkonstellation**
in welcher Situation	→	**Aspekt: Gestaltung von Zeit und Raum**
worüber und in welcher Absicht	→	**Aspekt: Handlungsführung/Konflikt**
wie	→	**Aspekt: sprachliche Wirkungsmittel**

Aspekt: Figuren/Figurenkonstellation

1. Machen Sie sich Notizen für eine Charakterisierung von Philipp II.

› Finden Sie im Text Passagen, die für eine Charakterisierung des Königs und seines Verhaltens wesentlich sind:

Textstelle	Zeile
– „Vergönn ich Ihnen zehen Jahre Zeit"	24
– „Für meine Völker haftet mir mein Schwert / Dies Auge nur für meines Weibes Liebe"	63, 64

› Erscheinungsbild, Verhalten

Siehe Charakterisierung → S. 25

› innere Einstellung

› Beziehung zu den anderen Figuren

2. Charakterisieren Sie in ähnlicher Weise die Königin.

› Finden Sie im Text Passagen, die für eine Charakterisierung der Königin und ihres Verhaltens wesentlich sind:

Textstelle	Zeile
– „Ich selbst, ich bin die Schuldige"	11, 12
– „Bloßer Zwang bewacht die Frauen Spaniens"	37

- Erscheinungsbild, Verhalten

- innere Einstellung

- Beziehung zu den anderen Figuren

Aspekt: Dramatisches Sprechen

TIPP

Für die Beschreibung der Art und Weise, in der die Figuren in einer Szene sprachlich interagieren, können Gegensatzpaare hilfreich sein, z. B.:
- **partnerschaftlich – dominierend**
- **freundlich – feindlich**
- **offen, ehrlich – verschlossen**
- **herzlich – abweisend**
- **argumentativ – manipulativ**
- **emotional – rational**

3. Versuchen Sie stichwortartig zu skizzieren, was die Sprechweise der Königin im Unterschied zum Hofstaat ausmacht.

Hofstaat	*Königin*
– wagt (mit Ausnahme von Graf Lerma) nicht zu widersprechen	– stellt die Handlungsweise des Königs in Frage
	– hält äußere Form (Etikette) ein

Aspekt: Handlungsführung / Konflikt

4. Umreißen Sie – wie in dem Schülerbeispiel – stichwortartig die Absichten der handelnden Figuren. Mit welchen Strategien versuchen sie Ihre Absichten zu verwirklichen?

Herzog Alba

Absichten	*Strategien*
will absolute Ergebenheit gegenüber dem König demonstrieren	stellt den Dienst am König als Lebensaufgabe dar: „Solang ein Herz an diesen Panzer schlägt ..."
will den Argwohn des Königs in Bezug auf seinen Sohn schüren und bestärken	zweifelt den Argwohn des Königs nicht an, verspricht nicht nur Wachsamkeit für die Zukunft, sondern schon für die Vergangenheit und Gegenwart: „ich bins" – dadurch Hervorhebung ihrer dringenden Notwendigkeit
will sich als alleiniger Beschützer des Königs etablieren	vergleicht den eigenen Körper mit einem „Panzer", sich selbst mit einem „Cherub"
will dem König schmeicheln	vergleicht den König mit Gott
will dem König Entscheidungen abnehmen	stellt sich als Wächter, König als Schlafenden dar

König

Absichten	*Strategien*
will als starker Herrscher erscheinen	tritt schweigend auf, zeigt seinen Unwillen durch Blicke; stellt Fragen, fordert Antworten

Königin

Absichten	*Strategien*
will den König besänftigen	spricht ihn demütig, zurückhaltend an

Graf Lerma

Absichten	Strategien

Aspekt: Sprachliche Wirkungsmittel

INFO

Nach Auffassung Schillers bedarf das Drama einer sprachlichen Stilisierung: In der Vorrede zur Thalia-Fassung schreibt er 1785: „Ein vollkommenes Drama soll [...] in Versen geschrieben sein, oder es ist kein vollkommenes [...]. Weil ich die Wahrheit jenes Ausspruchs überzeugend erkannte, habe ich diesen Karlos in Jamben entworfen. Aber in reimfreien Jamben." Außerdem soll das Drama nach Schiller in einer gehobenen, pathetischen Sprache verfasst sein und dadurch dazu beitragen, im Zuschauer Furcht und Mitleid zu erzeugen.

Siehe Wirkungsmittel → S. 75

5. Beschreiben Sie, wie Schiller die Forderung, dass ein Drama in Versen geschrieben sein müsse, in dieser Szene konkret umsetzt. Zeigen Sie dabei auch, wie er die Möglichkeiten der Versgestaltung nutzt, um die Redeanteile der Figuren miteinander zu verknüpfen.

Siehe Rhetorische Figuren → S. 93 f.

6. Finden Sie in der vorliegenden Szene für folgende Stilmittel der pathetisch-erhabenen Stilart Textbeispiele.

Stilmittel	*Textbeispiel*	*Zeile*
Vers		
hypotaktischer Satzbau		
Inversionen		
„gewählte" Wörter		
Sentenzen		
„erlesene" Bilder		
Metaphern		

1. Verstehens-hypothese formulieren → 2. Text aspekt-orientiert untersuchen → **3. These formulieren** → 4. Gliederung erstellen → 5. Klausur schreiben → 6. Klausur überarbeiten

1. Sichten Sie Ihre Analyseergebnisse im Blick auf Ihre Verstehenshypothese (S. 77 f.). Welche Ergebnisse

- unterstützen Ihre Verstehenshypothese,

- differenzieren Ihre Verstehenshypothese,

- korrigieren oder verwerfen Ihre Verstehenshypothese?

Hier eine ausformulierte These, die zur Grundlage eines Interpretationsaufsatzes werden könnte:

In dieser Szene werden Philipp II., König von Spanien, und seine Frau, Elisabeth von Valois, charakterisiert, indem sie kontrastiert werden. Es geht dabei nicht nur um die Figuren als Individuen, sondern sie stehen für zwei vollkommen unterschiedliche Auffassungen von Freiheit.

1. Verstehens-hypothese formulieren → 2. Text aspekt-orientiert untersuchen → 3. These formulieren → **4. Gliederung erstellen** → 5. Klausur schreiben → 6. Klausur überarbeiten

TIPP

Für eine kontrastierende Charakterisierung gibt es drei grundsätzliche Möglichkeiten der Textgliederung:

- **Sie charakterisieren erst gesondert die beiden Figuren und arbeiten dann den Kontrast in einem dritten Abschnitt heraus.**
- **Sie erarbeiten erst die Charakterisierung einer Figur und kontrastieren die andere Figur, indem Sie die wesentlichen Charakterzüge dieser Figur gegen die andere Figur stellen.**
- **Sie beschreiben die beiden Figuren von Charakterzug zu Charakterzug und arbeiten so eine kontrastierende Charakterisierung der beiden Figuren heraus.**

1. Beschreiben Sie kurz Vor- und Nachteile der drei Gliederungsmöglichkeiten.

2. Entwerfen Sie auf einem eigenen Blatt eine Gliederung für eine Interpretation der Szene, die eine kontrastierende Charakterisierung von König und Königin in den Mittelpunkt stellt. Überlegen Sie genau, ob und an welchen Stellen Sie die Ergebnisse Ihrer Vorarbeiten einbringen möchten.

1. Verstehens-hypothese formulieren → 2. Text aspekt-orientiert untersuchen → 3. These formulieren → 4. Gliederung erstellen → **5. Klausur schreiben** → 6. Klausur überarbeiten

Einleitung

TIPP

Zu einer gelungenen Interpretation gehört eine aufgabenbezogene Einleitung. In dieser Einleitung müssen folgende Elemente vorkommen: Text, Autor, Genre, Zeit, Thema, Hinführung zur eigenen Deutung. In welcher Reihenfolge Sie diese Punkte erwähnen, bleibt Ihnen überlassen.

1. Formulieren Sie eine Einleitung für Ihre Interpretation.

Hauptteil

2. Welche Auffassung hat der König zum Problem der Freiheit? Welche Auffassung hat dagegen die Königin? Versuchen Sie auf der Grundlage der Szene allgemeine Aussagen zu formulieren, die der König, bzw. die Königin unterstützen würden.

König	*Königin*
Frauen müssen beschützt / bewacht werden.	Frauen haben in sich einen eigenen Maßstab der Moral („Tugend"), der Ihre Bewachung überflüssig macht.
Untergebene dürfen willkürlich bestraft werden.	
	Das Urteil des Königs gilt nicht absolut („Sie haben nur in Spanien gesündigt").
Gehorsam gegenüber dem König muss mit Gewalt durchgesetzt werden.	
Liebe lässt sich nicht mit Gewalt erzwingen.	
	Die Niederlande müssen befreit werden.

3. Erarbeiten Sie jetzt im Kontrast zu Philipp II. auf einem eigenen Blatt eine Charakterisierung der Königin, die gleichzeitig die Charakterzüge des Königs noch schärfer hervortreten lässt.

Abb. links:
König Philipp II von Spanien, im Jahr 1555, Gemälde von Alonso Sanchez Coello

rechts:
Elisabeth von Valois, Königin von Spanien, im Jahr 1568, Gemälde von Sofonisba Anguisciola

Schluss

TIPP

Planen Sie von Anfang an genügend Zeit für die Formulierung Ihres Schlussteils ein!

Der Abschluss Ihrer Klausur ist deshalb so wichtig, weil er der letzte Eindruck für den Leser ist. Wenn hier Ihr Textverständnis gedanklich klar und sprachlich überzeugend zusammengefasst wird, dann wird dem Leser deutlich, dass Sie nicht nur viele Detailkenntnisse und Einzelergebnisse präsentieren, sondern dass Sie den Text in seinem Zusammenhang, in seinen Intentionen und in seiner Struktur verstanden haben.

4. Vervollständigen Sie diesen Schlussteil. Machen Sie dabei nochmals in aller Kürze deutlich, was durch die Kontrastierung der Charaktere geleistet wird.

Obwohl Philipp somit in dieser dramatischen Szene vordergründig die alles beherrschende Figur ist – er stellt die Fragen, er beurteilt und bewertet, er gibt Befehle und Anweisungen –, wird durch das Verhalten der Königin deutlich, dass er ihr letztlich unterlegen ist.

Original-Abituraufgabe

→ Lösungsheft S. 20–21

BERTOLT BRECHT (1898–1956)

Leben des Galilei, 3. Bild

Text in alter Rechtschreibung

Sie setzen sich erregt zur Arbeit. Es wird dunkel auf der Bühne, jedoch sieht man weiter am Rundhorizont den Jupiter und seine Begleitsterne. Wenn es wieder hell wird, sitzen sie immer noch, mit Wintermänteln an.

GALILEI Es ist bewiesen. Der vierte kann nur hinter den Jupiter gegangen sein, wo man ihn nicht sieht. Da hast du ein Gestirn, um das ein anderes sich dreht.

SAGREDO Aber die Kristallschale, an die der Jupiter angeheftet ist?

GALILEI Ja, wo ist sie jetzt? Wie kann der Jupiter angeheftet sein, wenn andere Sterne um ihn kreisen? Da ist keine Stütze im Himmel, da ist kein Halt im Weltall! Da ist eine andere Sonne!

SAGREDO Beruhige dich! Du denkst zu schnell.

GALILEI Was, schnell! Mensch, reg dich auf! Was du siehst, hat noch keiner gesehen. Sie hatten recht!

SAGREDO Wer? Die Kopernikaner?

GALILEI Und der andere! Die ganze Welt war gegen sie, und sie hatten recht. Das ist was für Andrea! *Er läuft außer sich zur Tür und ruft hinaus:* Frau Sarti! Frau Sarti!

SAGREDO Galilei, du sollst dich beruhigen!

GALILEI Sagredo, du sollst dich aufregen! Frau Sarti!

SAGREDO *dreht das Fernrohr weg*: Willst du aufhören, wie ein Narr herumzubrüllen?

GALILEI Willst du aufhören, wie ein Stockfisch dazustehen, wenn die Wahrheit entdeckt ist?

SAGREDO Ich stehe nicht wie ein Stockfisch, sondern ich zittere, es könnte die Wahrheit sein.

GALILEI Was?

SAGREDO Hast du allen Verstand verloren? Weißt du wirklich nicht mehr, in was für eine Sache du kommst, wenn das wahr ist, was du da siehst? Und du es auf allen Märkten herumschreist: daß die Erde ein Stern ist und nicht der Mittelpunkt des Universums.

GALILEI Ja, und daß nicht das ganze riesige Weltall mit allen Gestirnen sich um unsere winzige Erde dreht, wie jeder sich denken konnte!

SAGREDO Daß da also nur Gestirne sind! – Und wo ist dann Gott?

GALILEI Was meinst du damit?

SAGREDO Gott! Wo ist Gott?

GALILEI *zornig*: Dort nicht! So wenig wie er hier auf der Erde zu finden ist, wenn dort Wesen sind und ihn hier suchen sollten!

SAGREDO Und wo ist also Gott?

GALILEI Bin ich Theologe? Ich bin Mathematiker.

SAGREDO Vor allem bist du ein Mensch. Und ich frage dich, wo ist Gott in deinem Weltsystem?

GALILEI In uns oder nirgends!

SAGREDO *schreiend*: Wie der Verbrannte gesagt hat?

GALILEI Wie der Verbrannte gesagt hat!

SAGREDO Darum ist er verbrannt worden! Vor noch nicht zehn Jahren!

GALILEI Weil er nichts beweisen konnte! Weil er es nur behauptet hat! Frau Sarti!

SAGREDO Galilei, ich habe dich immer als einen schlauen Mann gekannt. Siebzehn Jahre in Padua und drei Jahre in Pisa hast du Hunderte von Schülern geduldig das Ptolemäische System gelehrt, das die Kirche verkündet und die Schrift bestätigt, auf der die Kirche beruht. Du hast es für falsch gehalten mit dem Kopernikus, aber du hast es gelehrt.

GALILEI Weil ich nichts beweisen konnte.

SAGREDO *ungläubig:* Und du glaubst, das macht einen Unterschied?

GALILEI Allen Unterschied! Sieh her, Sagredo! Ich glaube an den Menschen, und das heißt, ich glaube an seine Vernunft! Ohne diesen Glauben würde ich nicht die Kraft haben, am Morgen aus meinem Bett aufzustehen.

SAGREDO Dann will ich dir etwas sagen: ich glaube nicht an sie. Vierzig Jahre unter den Menschen haben mich ständig gelehrt, daß sie der Vernunft nicht zugänglich sind. Zeige ihnen einen roten Kometenschweif, jage ihnen eine dumpfe Angst ein, und sie werden aus ihren Häusern laufen und sich die Beine brechen. Aber sage ihnen einen vernünftigen Satz und beweise ihn mit sieben Gründen, und sie werden dich einfach auslachen.

GALILEI Das ist ganz falsch und eine Verleumdung. Ich begreife nicht, wie du, so etwas glaubend, die Wissenschaft lieben kannst. Nur die Toten lassen sich nicht mehr von Gründen bewegen!

SAGREDO Wie kannst du ihre erbärmliche Schlauheit mit Vernunft verwechseln!

GALILEI Ich rede nicht von ihrer Schlauheit. Ich weiß, sie nennen den Esel ein Pferd, wenn sie ihn verkaufen, und das Pferd einen Esel, wenn sie es einkaufen wollen. Das ist ihre Schlauheit. Die Alte, die am Abend vor der Reise dem Maulesel mit der harten Hand ein Extrabüschel Heu vorlegt, der Schiffer, der beim Einkaufen der Vorräte des Sturmes und der Windstille gedenkt, das Kind, das die Mütze aufstülpt, wenn ihm bewiesen wurde, dass es regnen kann, sie alle sind meine Hoffnung, sie alle lassen Gründe gelten. Ja, ich glaube an die sanfte Gewalt der Vernunft über die Menschen. Sie können ihr auf die Dauer nicht widerstehen. Kein Mensch kann lange zusehen, wie ich – *er lässt aus der Hand einen Stein auf den Boden fallen* – einen Stein fallen lasse und dazu sage: er fällt nicht. Dazu ist kein Mensch imstande. Die Verführung, die von einem Beweis ausgeht, ist zu groß. Ihr erliegen die meisten, auf die Dauer alle. Das Denken gehört zu den größten Vergnügungen der menschlichen Rasse.

(1955)

- **Stellen Sie kurz dar, in welcher Situation sich Galilei und Sagredo befinden.**
- **Klären Sie, welche Positionen die Dialogpartner einnehmen, und analysieren Sie, wie sie diese vertreten.**
- **Prüfen Sie, inwieweit sich das Bild, das Sie hier von Galilei gewinnen, im weiteren Verlauf des Stückes verändert.**

Joseph Bierbichler als Galilei und Joerg-Michael Koebl als Sagredo in einer Aufführung des Berliner Ensembles 1997

Analyse und Erörterung von Sachtexten

Denn der Geschichtsschreiber und der Dichter [...] unterscheiden sich dadurch, dass der eine das wirklich Geschehene mitteilt, der andere, was geschehen könnte.

ARISTOTELES

Den Unterschied zwischen literarischen Texten und Sachtexten zu definieren ist nicht ganz einfach.
Man kann nicht schlichtweg sagen: Literarische Texte sind „erfunden", Sachtexte beziehen sich auf die Realität.
Denn beide Textarten haben an der Wirklichkeit teil, also an Sachverhalten, die auch außerhalb des Textes bestehen.
Allerdings auf verschiedene Weise:
Der fiktionale Text nimmt immer auch Realitätselemente auf, Elemente aus der Geschichte, der Gegenwart, den persönlichen Erinnerungen und Erlebnissen des Autors etc. So ergibt sich eine Mischung von erfundenen und nicht erfundenen Elementen. Die Einzelelemente entstammen der alltäglichen oder geschichtlichen Wirklichkeit, das Ganze aber ist Fiktion – eine Welt hinter Glas, scheinbar hermetisch von der wirklichen Welt abgeschlossen. So weiß der Leser, wenn er einen Roman aufschlägt oder ins Theater geht: Die dargestellte Wirklichkeit ist nicht das Leben selbst, sondern ein Modell möglicher Wirklichkeit. Das erzählte, geschilderte oder auf der Bühne dargestellte Geschehen existiert nur im Erzählt- oder Dargestelltwerden.
Der Sachtext hat demgegenüber ein anderes Verhältnis zur Realität: Er ist tatsachen- und sachbezogen.
Was er vermittelt, gehört grundsätzlich in das Erfahrungs- und Wissensgebiet seines Autors. Andererseits kann auch er Darstellungsformen, Techniken der Vermittlung und Stilformen nutzen, mit denen üblicherweise der literarische Text seine Leser beeinflussen will. Im Detail kann er poetische Mittel benutzen, als ganzer beabsichtigt er aber immer eine Wirklichkeitsaussage.
Wer eine solche Wirklichkeitsaussage in einem Sachtext erörtern und bewerten soll, muss den Text zunächst gründlich analysieren. Sachtextanalyse und Sachtexterörterung gehören aus diesem Grund eng zusammen und kommen im Abitur so gut wie niemals getrennt vor. Dennoch kann es sinnvoll sein, die Analyse getrennt zu üben (wie wir es in diesem Kapitel zunächst tun). Vor allem aber ist es wichtig, sich zu vergegenwärtigen, was von einer Analyse verlangt wird und was von einer Erörterung – nur dann lassen sich beide Aufgabenbereiche in einer Klausur sinnvoll verbinden.

Das folgende Kapitel will

- **Ihnen helfen, Ihr Wissen über Sachtexte einzuschätzen und aufzufrischen,**
- **Ihnen die Strategien ins Bewusstsein rufen, die für argumentierende Texte typisch sind: damit Sie sie erkennen, beschreiben und ggf. selbst anwenden können,**
- **Ihnen zeigen, wie man Schritt für Schritt einen Sachtext erschließt,**
- **mit Ihnen zusammen die sinnvollen Arbeitsschritte hin zu einer gelungenen Erörterung gehen,**
- **Ihnen ermöglichen, eine offizielle Abituraufgabe zu bearbeiten und Ihren Übungsaufsatz selbstständig zu bewerten.**

Aufgaben zur Selbsteinschätzung

→ Lösungsheft S. 21–22

1. Markieren Sie die Kärtchen, die zur Sachtextanalyse gehören, gelb, die Kärtchen, die zur Sachtexterörterung gehören, grün.

a. *die Mitteilungen des Autors so exakt wie möglich erfassen*	**b.** *eine eigene Position zu den im Text beschriebenen Problemen entwickeln und entfalten*	**c.** *Kontexte (Bezüge zur Autorenbiografie, zu Politik, Zeitgeschichte, Kultur, etc.) einbeziehen*
d. *sich kritisch mit den im Text geäußerten Positionen auseinandersetzen*	**e.** *die Sprache und Argumentationsweise des Textes beschreiben*	**f.** *die Möglichkeiten und Grenzen der konkret vorliegenden Sachtextart mitreflektieren*
g. *sich kritisch mit der Argumentationsweise des Textes auseinandersetzen*	**h.** *den Kommunikationszusammenhang des Textes (seinen Verwendungszweck, seine Wirkungsabsicht) berücksichtigen*	**i.** *auf der Grundlage eigener Fachkenntnisse, Erfahrungen und Überlegungen eine begründete Stellungnahme zum Text selbst und zum Thema des Textes abgeben*

2. Ein älteres Ehepaar sitzt am Samstagabend vor dem Fernseher. Der Mann sagt: „Tina, die Bierflasche ist leer!" Welche Kommunikationsfunktion hat die Bemerkung des Mannes?

☐ Ausdruck	Begründung:
☐ Darstellung	Begründung:
☐ Appell	Begründung:

Der Sprecher der folgenden Sätze will erreichen, dass in Frankreich die Schreckensherrschaft zur Durchsetzung und Vollendung der Revolution fortgeführt wird.

> Wir schließen schnell und einfach: Da alle unter gleichen Verhältnissen geschaffen werden, so sind alle gleich, die Unterschiede abgerechnet, welche die Natur selbst gemacht hat. Es darf daher jeder Vorzüge und darf daher keiner Vorrechte haben.

3. Mit welcher Methode argumentiert der Redner? Ist seine Argumentation objektiv überzeugend oder enthält sie „faule Tricks"?

John F. Kennedy sagte 1961 angesichts der Berliner Mauer:

> Vor zweitausend Jahren war der stolzeste Satz, den ein Mensch sagen konnte, der: „Ich bin ein Bürger Roms!" Heute ist der stolzeste Satz, den jemand in der freien Welt sagen kann: „Ich bin ein Berliner!"

4. Mit welcher Methode argumentiert der Redner? Was erreicht er dadurch, dass er sich auf das Vorbild Roms beruft?

Basislexikon Sachtextanalyse und Erörterung

Mögliche Aspekte zum Erschließen eines Sachtextes

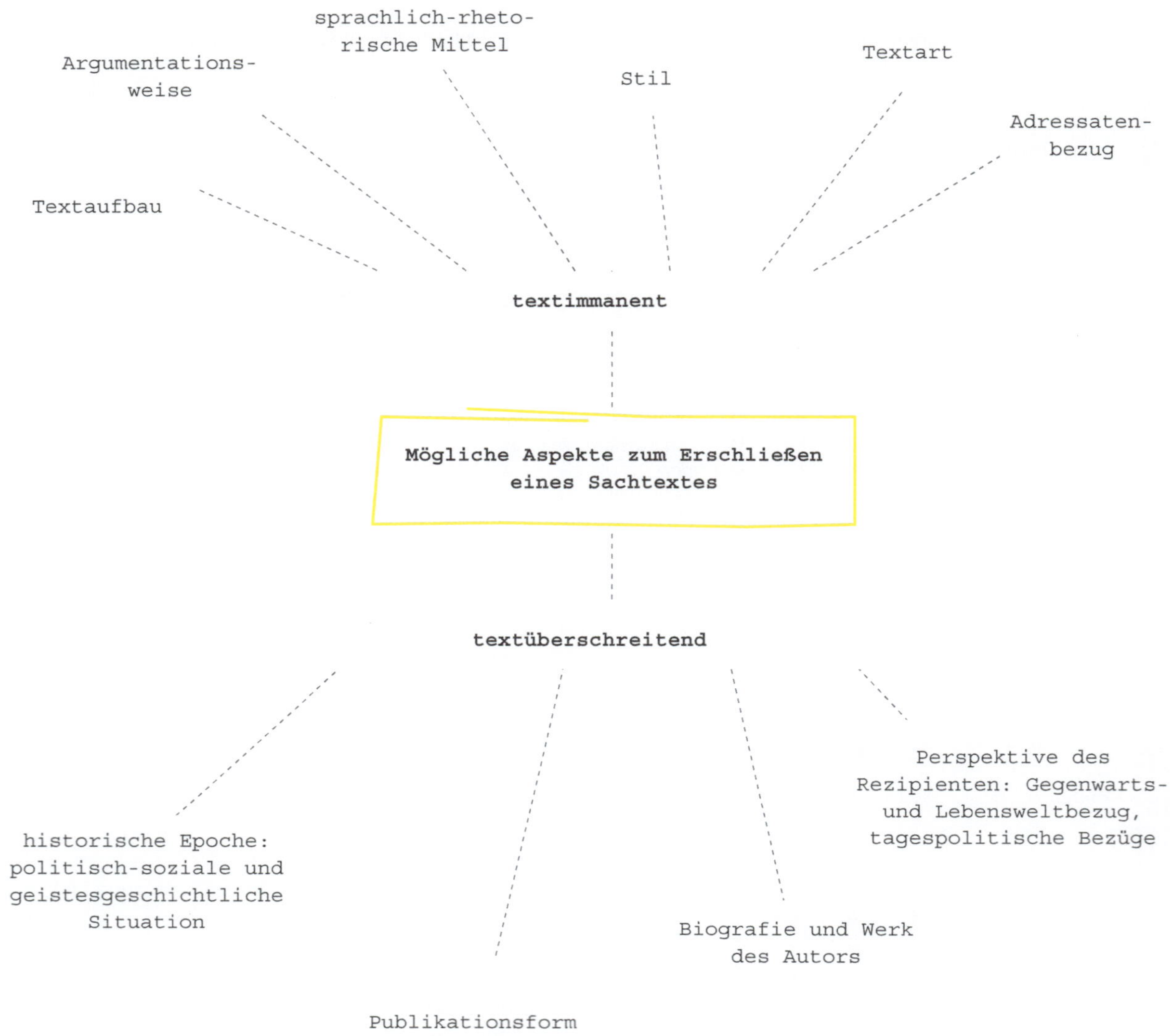

Kommunikationsfunktionen von Sachtexten

Darstellung	Autor will Leser über einen Sachverhalt informieren; Sachverhalt steht im Mittelpunkt	z. B. Bedienungsanleitung, Nachricht, Bericht, wissenschaftlicher Sachtext
Appell	Autor will Leser zu einem bestimmten Verhalten auffordern; Leser steht im Mittelpunkt	z. B. Werbetext, Flugblatt, Einladung
Ausdruck	Autor will dem Leser seine Situation, Gefühle oder Ansichten mitteilen; Autor steht im Mittelpunkt	z. B. Tagebuch, Brief

Fragen zur kritischen Analyse eines argumentierenden Textes

Standpunkt

- Sind die Interessen, Entscheidungen und Wertungen erkennbar/verdeckt?
- Von welchen Gegeninteressen setzt sich der Autor direkt/indirekt ab?
- Wie bewertet er selbst die Richtigkeit/Wahrheit/Erfolgsaussicht … seiner Aussagen?
- Wie betrachtet der Autor seinen Leser – als Gesprächspartner oder als Objekt seiner Überredungskünste?
- Richtet der Autor offen/versteckt Forderungen an den Leser?

Thesen

- Haben die Thesen vorläufigen/endgültigen Charakter?
- Welche Funktion haben die Thesen? – Anreiz zur Diskussion/Eröffnung eines Dialogs/ Veranschaulichung des Sachverhalts?
- Wie werden die Thesen verstanden – als Vermutung/Annahme/Überzeugung/subjektive Meinung/ verbreitetes (Vor-)Urteil?

Umgang mit Gegenthesen

- Welche Reichweite haben die Einwände gegen die Thesen des Autors (Gegenthesen)? Werden dadurch die Thesen entkräftet? Erscheinen dadurch die Thesen in einem anderen Licht?
- Welche Funktion haben die Gegenthesen? Sind sie nur vorgetäuscht, um die eigene These zu stärken? Ergeben sie sich sachlogisch?
- Wie geht der Autor mit Gegenthesen um? Nimmt er sie ernst? Geht er auf sie ein? Greift er mögliche Begründungen auf?

Veranschaulichungen und Beispiele

- Kommen die Beispiele aus dem Erfahrungsbereich/aus dem aktuellen Zeitgeschehen/aus der Geschichte, der Literatur, etc.?

Begründungsverfahren

- Berufung auf Autoritäten
- Berufung auf Fakten, Beobachtungen, Forschungsergebnisse
- Berufung auf allgemeingültige Normen und Wertvorstellungen
- Berufung auf Erfahrung
- Berufung auf analoge Fälle
- logische Schlussfolgerung

Verfahren der Veranschaulichung

- Aktualisierung (Übertragung eines historischen Vorgangs in die Gegenwart)
- Vermenschlichung (Annäherung an den Leser, die ihm die Identifikation ermöglicht)
- Dynamisierung (Beschleunigung, Verzicht auf rhetorischen Schmuck und Metaphern)
- Versinnlichung (Konkretisierung eines allgemeinen Sachverhalts)
- Vergegenwärtigung (schildernde Darstellung im Präsens)

Anordnungsweisen von Argumentationsschritten

Argumentationskette

In der Argumentationskette wird eine streng logische Abfolge der Glieder eingehalten.

1. Ich meine, der Vorschlag X ist gefährlich.
2. Wir müssen daher überlegen, ob nicht …
3. Mir scheint der bessere Weg, wenn …
4. Dann nämlich können wir …
5. Wir haben so zu entscheiden, ob …

Dialektischer Aufbau

Im dialektischen Aufbau werden zwei Positionen, die nicht gleich sind, aber Berührungspunkte haben, gegeneinandergestellt und miteinander vermittelt.

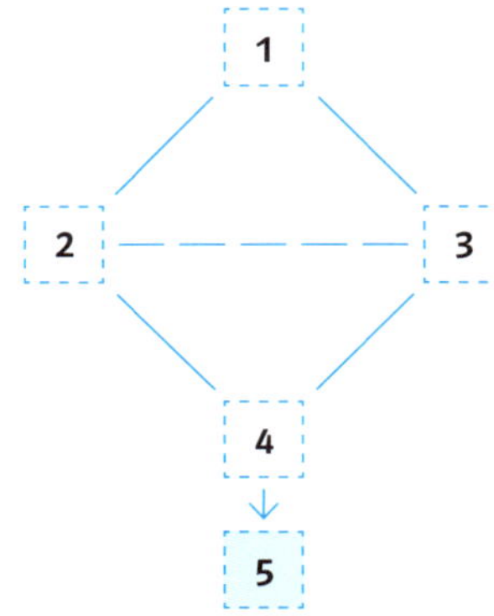

1. Dem Referenten möchte ich danken für eine Menge neuer Einsichten.
2. Unter anderem hat er gesagt, …
3. Dagegen ist aber auch zu halten, dass …
4. Vergleicht man beide Ansichten, dann …
5. Aus diesem Grunde schlage ich vor …

Konkretisierungsverfahren

Das Konkretisierungsverfahren geht von einer allgemeinen Meinung aus, setzt die eigene dagegen und konkretisiert diese immer detaillierter, sodass nur die Bestätigung der eigenen Meinung folgt.

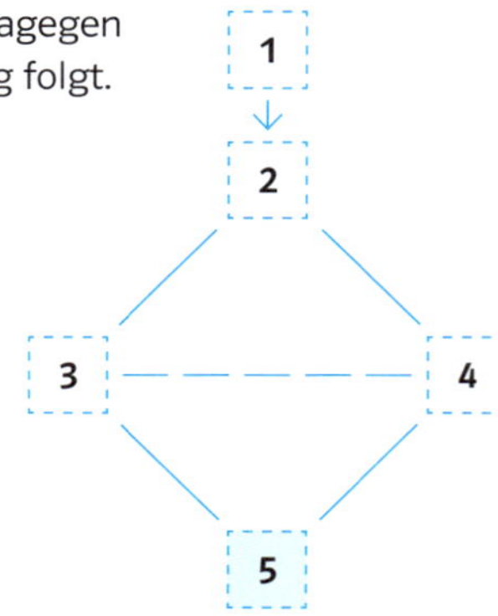

1. Gemeinhin sieht man die Sache so …
2. Aus unserer Erfahrung aber …
3. Denn erstens …
4. Außerdem zweitens …
5. Folglich …

Manipulationstechniken

Manipulationstechniken

Verwirrungstechnik
durch komplizierte Unterscheidungen und Problemvermischungen die gegnerische Position vernebeln

Ausweichtechnik
die Argumente des Gegners ignorieren und auf ein anderes Problem ausweichen

Verdrängungstechnik
Hauptpunkte der gegnerischen Argumentation ignorieren und die eigene Erwiderung auf unwichtige Details beschränken

Behauptungstechnik
einfach Sachverhalte behaupten, auch wenn sie gar nicht stimmen

Dilemmatechnik
eine Scheinalternative aufstellen und so tun, als ob es keine Zwischenlösungen gäbe

Unterstellungstechnik
dem Gegner bestimmte Absichten unterstellen und so aus seiner These falsche Folgerungen ziehen

Verdrehungstechnik
Thesen oder Aussagen des Gegners einen falschen Sinn geben

Übertreibungstechnik
Aussage des Gegners ins Gefährliche, Absurde, Lächerliche übertreiben

Rhetorische Figuren

Tropen		
Euphemismus, der	beschönigende Umschreibung	hinscheiden
Emphase, die	(heute:) nachdrückliche Hervorhebung einer Aussage durch Betonung oder syntaktische Mittel (Ausruf)	Er ist Prinz. – Noch mehr – Er ist Mensch!
Hyperbel, die	Übertreibung	himmelhochjauchzend, zu Tode betrübt
Allegorie, die	(im antiken Sinne:) in einem komplexeren Bild fortgeführte Metapher	das Staatsschiff, das der Steuermann durch die Stürme führt
Personifikation, die	Ersatz eines Gegenstandes oder abstrakten Begriffs durch Figuren, Vermenschlichung	Vater Staat die Sonne lacht
Ironie, die	(im antiken Sinne:) Verstellung, die das Gegenteil des Gemeinten formuliert	Und Brutus ist ein ehrenwerter Mann!
Katachrese, die Adj.: katachrestisch	gewollter oder ungewollter Bildbruch, Kombination nicht zueinander passender Bilder	Das schlägt dem Fass die Krone ins Gesicht.
Figuren der Hinzufügung		
Klimax, die Adjektiv: klimaktisch	stufenweise Steigerung im Aussageinhalt	veni, vidi, vici
Anapher, die	Wiederholung eines Satzteils zu Beginn aufeinanderfolgender Wortgruppen	Das Wasser rauscht, / Das Wasser schwoll.
Epipher, die	Wiederholung eines Satzteils am Ende aufeinanderfolgender Wortgruppen	Ihr überrascht mich nicht, erschreckt mich nicht.
Synonymie, die	Wiederholungsfigur durch einen anderen Wortkörper für dieselbe Wortbedeutung	Ihr überrascht mich nicht, erschreckt mich nicht.
Homonymie, die	Mehrdeutigkeit durch Gleichklang von Wörtern mit verschiedener Bedeutung	Verloren ist, wer den Humor verlor.
Akkumulation, die	reihende Häufung von Begriffen	Lass mich nicht Ach, nicht Pracht, nicht Lust, nicht Angst verleiten!
Pleonasmus, der	Wiederholung derselben Bedeutung auf verschiedene Weise innerhalb einer Wortgruppe	schwarzer Rabe
Tautologie, die	Häufung gleichbedeutender Wörter derselben Wortart	voll und ganz
Figuren der Auslassung		
Ellipse, die	Auslassung eines oder mehrerer grammatisch notwendiger Satzbestandteile	Was nun?
Asyndeton, das Pl.: Asyndeta	Häufung von Begriffen, die nicht durch „und" oder „oder" koordiniert sind	Alles rennet, rettet, flüchtet.
Figuren der Umstellung		
Anastrophe/ Inversion, die	Platzwechsel gewöhnlich aufeinanderfolgender Satzglieder	der Verstellung schwere Kunst
Parallelismus, der	Wiederholung der Satzteilreihenfolge in mehreren aufeinander folgenden Sätzen, Gliedsätzen oder Syntagmen	Sie hören weit, sie sehen fern.

Antithese, die	Gegenüberstellung zweier Gedanken beliebigen Umfangs	Der Wahn ist kurz, die Reu' ist lang
Oxymoron, das Pl.: Oxymora	Antithese in einer Wortkombination, z. B. als contradictio in adiecto (Widerspruch zwischen Substantiv und Beiwort)	beredtes Schweigen
Parenthese, die	Zwischenschaltung eines Satzes oder Gedankens in einen anderen Satz	So bitt ich – ein Versehen war's, weiter nichts – / für diese rasche Tat dich um Verzeihung.
Exemplum, das Pl.: Exempla	Beispiel aus der Geschichte, der Literatur, Mythologie, dem Heiligenleben	
Figuren der Sinnänderung		
rhetorische Frage, die	Frage, auf die keine Antwort erwartet wird, verkappte Aussage	Wie lange noch missbrauchst du, Catilina, unsere Geduld?
Paradox, das	scheinbarer oder tatsächlich unauflösbarer, unerwarteter Widerspruch	Weniger ist mehr!
Klangfiguren		
Alliteration, die	Stabreim, Wiederholung des Anfangsbuchstabens von sinntragenden Wörtern	Kind und Kegel
Onomatopöie, die	Lautmalerei, Schallwort	Kuckuck

Arbeitsschritte zum Verfassen einer Sachtextanalyse

1. Erstes Textverständnis festhalten → 2. Text aspektorientiert untersuchen → 3. Thesen des Textes erfassen → 4. Gliederung erstellen → 5. Klausur schreiben → 6. Klausur überarbeiten

Zu 1.: Diesen Schritt sollten Sie sofort tun, nachdem Sie den Text einmal gelesen haben: Die ersten Einfälle sind meist die besten.

Zu 2.: Welche Aspekte sinnvoll und lohnend untersucht werden können, hängt vom Text und von der Aufgabenstellung ab. Sie sollten also den Text noch einmal gründlich lesen (Basistraining, S. 7–12) und die Aufgabenstellung analysieren (Basistraining, S. 13–14), bevor Sie sich auf Untersuchungsaspekte festlegen. Beachten Sie auch den Aspektestern auf S. 90.

Zu 3.: Hier kann eine schriftliche Ausformulierung in einem Satz sinnvoll sein, denn meist ist die Bestimmung der Thesen schwieriger, als es scheint.

Zu 4.: Für diesen Schritt sollten Sie ausreichend Zeit einplanen: Mit einer detailliert ausgearbeiteten Gliederung kann der eigentliche Schreibprozess leichter bewältigt werden.

Zu 5.: Lesen Sie jeden neu geschriebenen Absatz einmal durch, bevor Sie weiterschreiben. Fehler können Sie auf diese Weise sofort korrigieren. Außerdem gelingt der Anschluss des neuen Gedankens leichter und Wiederholungen werden vermieden.

Zu 6.: Unter Klausurbedingungen haben Sie für diesen Schritt selten genügend Zeit. Konzentrieren Sie sich beim abschließenden Durchlesen Ihrer Klausur auf die sachliche Richtigkeit und den „roten Faden".

Arbeitsschritte zum Verfassen einer Erörterung

1. Erstes Textverständnis festhalten → 2. Text aspektorientiert untersuchen → 3. Eigenständige Position entwickeln → 4. Gliederung erstellen → 5. Klausur schreiben → 6. Klausur überarbeiten

Zu 1.: s. o.

Zu 2.: s. o.

Zu 3.: Achten Sie hier darauf, dass Sie Ihre Argumente belegen und mit Beispielen unterfüttern können.

Zu 4.: s. o.

Zu 5.: s. o.

Zu 6.: s. o.

Gliederungsmodelle für Erörterungen

Sanduhrmodell

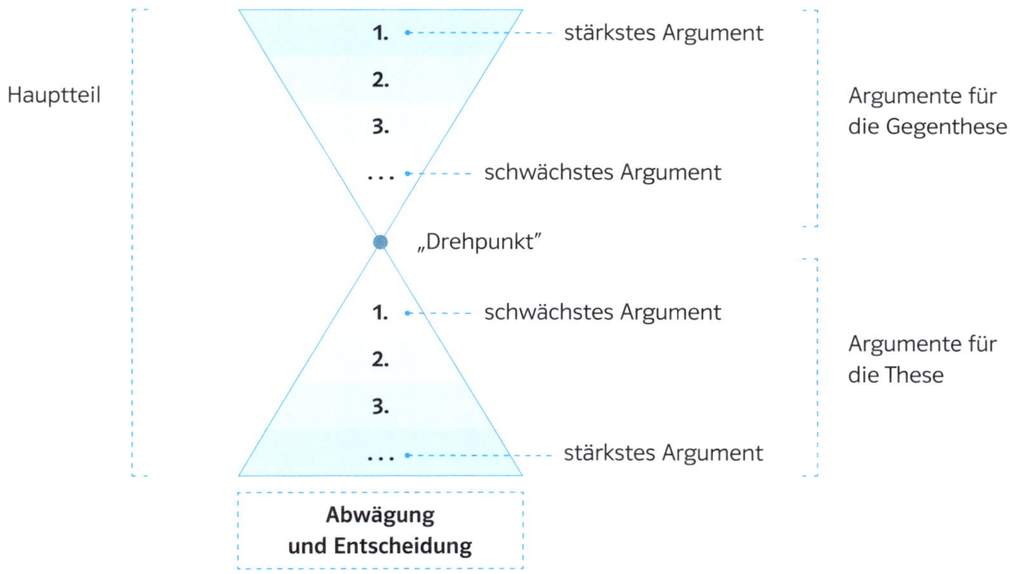

These-Gegenthese-Modell

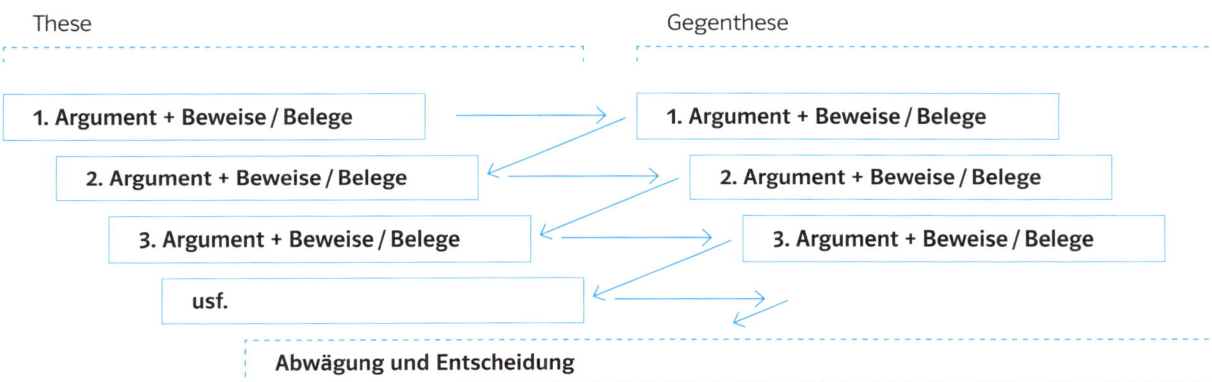

Deduktives Modell

Die Ausführungen beginnen mit der Entscheidung: Der Verfasser benennt seine Position gleich am Anfang und stützt sie im Folgenden mit Argumenten und Belegen.

Formulierungshilfen für erörternde Texte

Behauptung/These

ich vertrete die Position, ich bin der Überzeugung/Meinung/Auffassung, ich halte für wahr/richtig, ich nehme an, ich behaupte, ich vertrete die These, meines Erachtens, nach meiner Überzeugung …

Begründung

also, deshalb, folglich, aus diesem Grund, infolgedessen, die Begründung dafür lautet, daraus ergibt sich, das lässt sich mit dem Argument untermauern …

Einwand

dagegen, indessen, trotzdem, einerseits – andererseits, der Leser könnte einwenden, dem ist entgegenzuhalten, allerdings muss man auch berücksichtigen …

Training 1: Analyse einer Glosse

→ Lösungsheft S. 22–24

Eisbär „Knut“ im Zoologischen Garten Berlin am 23. März 2007

UMBERTO ECO (* 1932)

Auch die Bären sind böse

Central Park, zoologischer Garten. Einige Kinder spielen beim Becken der Eisbären. Einer der Jungen fordert die anderen heraus, ins Becken zu springen und zwischen den Bären hindurchzuschwimmen; um die Freunde ins Wasser zu treiben, versteckt er ihnen die Kleider, die Jungs tauchen ein, planschen um einen friedlich dösenden riesigen Bären herum, necken und foppen ihn, der Bär wird ärgerlich, hebt eine Tatze und verschlingt oder vielmehr zerfleischt zwei Kinder, die Reste lässt er zerstückelt liegen. Die Polizei kommt herbeigeeilt, sogar der Bürgermeister erscheint, man diskutiert, ob der Bär getötet werden muss, man gibt zu, dass es nicht seine Schuld war, es werden ein paar eindrucksvolle Artikel geschrieben. Sieh da, die Kinder hatten spanische Namen: Puertoricaner also, womöglich dunkelhäutige, vielleicht vor Kurzem erst angekommen, jedenfalls erpicht auf Bravourstücke, wie es bei allen Jugendlichen vorkommt, die sich in den Armenvierteln zu Banden zusammenrotten.

Diverse Kommentare, alle eher streng. Recht verbreitet die zynische Reaktion, zumindest verbal: natürliche Auslese, wenn die so blöd waren, neben einem Bären zu schwimmen, geschieht's ihnen recht, ich wäre nicht mal als Fünfjähriger in das Becken gesprungen. Soziale Interpretation: große Armut, geringe Bildung, leider ist man Subproletarier auch im Mangel an Vorsicht, an Besonnenheit ... Aber wieso geringe Bildung, was heißt hier Mangel an Erziehung, wenn auch das ärmste Kind heute fernsieht und die Schulbücher liest, in denen die Bären Menschen fressen und von den Jägern getötet werden?

An diesem Punkt habe ich mich gefragt, ob die Kinder nicht gerade deshalb ins Becken gesprungen sind, weil sie dem Fernsehen glaubten und zur Schule gingen. Vermutlich sind sie Opfer unseres schlechten Gewissens geworden, wie es von Schule und Massenmedien interpretiert wird.

Die Menschen waren seit jeher grausam zu den Tieren, und als sie sich ihrer Niederträchtigkeiten bewusst wurden, haben sie angefangen, wenn nicht alle Tiere zu lieben (denn sie fahren unbeirrt fort, sie zu verspeisen), so doch wenigstens gut über sie zu sprechen. Bedenkt man zudem, dass die Medien, die Schule, die öffentlichen Institutionen sich vieles vergeben lassen müssen, was sie den Menschen angetan haben, so wird es alles in allem lohnend, in psychologischer wie in ethischer Hinsicht, nun auf der Güte der Tiere zu beharren. Man lässt die Kinder der Dritten Welt verhungern, aber man fordert die Kinder der Ersten Welt auf, nicht nur Libellen und Häschen zu respektieren, sondern auch Wale, Krokodile und Schlangen.

Wohlgemerkt, an sich ist diese erzieherische Aktion korrekt. Das Falsche ist die Überredungstechnik, die dazu benutzt wird: Um es die Tiere „wert sein“ zu lassen, dass sie überleben, werden sie vermenschlicht und verniedlicht. Man sagt nicht, dass sie ein Recht zum Überleben haben, auch wenn sie ihrer Natur nach wild und räuberisch sind, sondern man macht sie respektabel, indem man sie als liebenswert, komisch, gutmütig, brav, geduldig und weise hinstellt.

Niemand ist unbesonnener als ein Lemming, tückischer als eine Katze, geifernder als ein Hund im August, stinkender als ein Ferkel, hysterischer als ein Pferd, idiotischer als ein Nachtfalter, schleimiger als eine Schnecke, giftiger als eine Viper, phantasieloser als eine Ameise und musikalisch einfallsloser als eine Nachtigall. Es gilt lediglich, diese und andere Tiere als das zu lieben, was sie sind – und wenn wir sie beim besten Willen nicht lieben können, sie wenigstens in ihrer Eigenart zu respektieren. Die Legenden von ehedem übertrieben es mit dem bösen Wolf, die Legenden von heute übertreiben es mit den guten Wölfen. Nicht weil sie gut sind, müssen die Wale gerettet werden, sondern weil sie Teil der natürlichen Einrichtung sind und zum ökologischen Gleichgewicht beitragen. Aber unsere Kinder erziehen wir mit Geschichten von sprechenden Walen, von Wölfen, die in den Dritten Orden[1] der Franziskaner eintreten, und vor allem mit Teddybären ohne Ende.

Die Werbung, die Zeichentrickfilme, die Kinderbücher sind voll von gutmütigen, kreuzbraven, kuschelweichen und beschützenden Bären. Deshalb, fürchte ich, sind die armen Kinder vom Central Park nicht aus Mangel, sondern aus Übermaß an Erziehung gestorben. Sie sind Opfer unseres unglücklichen Bewusstseins. Um sie vergessen zu machen, wie schlecht die Menschen sind, hat man ihnen zu oft erzählt, dass die Bären gut seien. Anstatt ihnen ehrlich zu sagen, was die Menschen und was die Bären sind.

(1987)

1 Dritter Orden: Terziaren, Tertiarier, in der katholischen Kirche eine Vereinigung von Laien, die unter der geistlichen Leitung eines Ordens nach einer anerkannten Regel, nicht aber in Klöstern leben; im Unterschied zu den (männlichen) Ersten Orden oder den diesen angeschlossenen (weiblichen) Zweiten Orden.

› Analysieren Sie Umberto Ecos Glosse *Auch die Bären sind böse*.

› Berücksichtigen Sie dabei besonders die Darstellungsweise des Autors.

1. Erstes Textverständnis festhalten → 2. Text aspektorientiert untersuchen → 3. Thesen des Textes erfassen → 4. Gliederung erstellen → 5. Klausur schreiben → 6. Klausur überarbeiten

1. Halten Sie fest, wie der Text auf Sie wirkt.

2. Formulieren Sie stichwortartig die zentralen Aussageabsichten der Glosse.

3. Erklären Sie den Titel (*Auch die Bären sind böse*) und sein Verhältnis zum Text, besonders zum letzten Satz.

1. Erstes Textverständnis festhalten → **2. Text aspektorientiert untersuchen** → 3. Thesen des Textes erfassen → 4. Gliederung erstellen → 5. Klausur schreiben → 6. Klausur überarbeiten

Aspekt: Textaufbau

1. Stellen Sie mit Hilfe der Konspektmethode die zentralen Aussagen des Textes zusammen. Vervollständigen Sie die Gliederung des Eco-Textes auf einem eigenen Blatt.

Siehe Konspektmethode → S. 7

Thema: Grenzen und Gefahren der Tierliebe

1.

1.1 Der Anlass: Ein Eisbär zerfleischt zwei Kinder im New Yorker Central Park.

1.2 Erste Reaktion: Imponiergehabe von Unterschichtkindern

2. Wählen Sie zur Beurteilung der Gedankenentwicklung eines oder mehrere der folgenden Attribute:

- ☐ assoziativ, sprunghaft
- ☐ gedanklich stringent
- ☐ kreisend
- ☐ dialektisch
- ☐ redundant
- ☐ pointiert
- ☐ narrativ
- ☐ verallgemeinernd

Aspekt: Argumentationsweise

3. Notieren Sie, auf welche Weise Eco – im Vergleich zu seinen Argumentationsgegnern – eine gedankliche Verknüpfung zwischen These, Argumenten und Belegen herstellt.

Anlass: Zwei Kinder werden von einem Eisbären zerfleischt.

	Argumentationsgegner: Medien/Öffentlichkeit	*Eco*
These	Die Kinder sind dafür verantwortlich zu machen.	
Argumente	1. Die Kinder wollten durch ein Bravourstück imponieren. 2. Wer so dumm ist, ist selbst schuld. 3. Die mangelhafte Erziehung und Bildung sind schuld.	
Belege	Kein Beleg, sondern Vermutungen: Es handelt sich *vermutlich* um Puertoricaner, *also* um Einwandererkinder.	

Siehe Begründungsverfahren → S. 91

4. Welche Begründungsverfahren benutzen Eco und seine Gegner? Bewerten Sie ihre Überzeugungskraft.

Medien / Öffentlichkeit

Begründungsverfahren:

Bewertung der Überzeugungskraft:

Eco

Begründungsverfahren:

Bewertung der Überzeugungskraft:

5. Welche Veranschaulichungsverfahren nutzt der Journalist Eco, um dem Leser seine Ansicht ‚didaktisch' zu vermitteln? Finden Sie in Ecos Text Beispiele für diese Verfahren.

Veranschaulichungsverfahren: ______________________

Beispiele: ______________________

____

____

Siehe
Verfahren der Veranschaulichung
→ S. 91

Aspekt: Stil

6. Suchen Sie unter den folgenden Stilmitteln diejenigen aus, die Ihnen zur Beschreibung von Umberto Ecos Stil als besonders zutreffend erscheinen.

Siehe
Rhetorische Figuren
→ S. 93 f.

MATERIAL

Satzreduktionen (Ellipsen) – Ironie – Interpunktion – Parataxe, Asyndeton – Hyperbeln (Übertreibungen) – Antithesen – Fachwortschatz der Kommunikationswissenschaft – Häufung (Akkumulation) – Zitate – Personifikationen – Klimax – Metaphern – Paradox

7. Finden Sie besonders charakteristische Textbeispiele für Ecos Stilmittel und erläutern Sie ihre Funktion.

Stilmittel	*Beispiel/Beleg*	*Funktion*
Ellipse		kurz gefasstes Resümee der gegnerischen Argumente, indirekte Abwertung
Hyperbeln	„niemand ist … tückischer als eine Katze …" (Z. 59 f.)	Gegensatz zur übertriebenen Verniedlichung von Tieren

Aspekt: Textart

8. Erarbeiten Sie die folgende Definition der Glosse und ergänzen Sie sie durch Ihre Beobachtungen zur Argumentation und zum Stil Ecos.

INFO

Die Textform der Glosse gehört zu den meinungsäußernden und meinungsbildenden journalistischen Darstellungsformen. Sie ist die schwierigste Kommentarform, da sie die Meinung des Autors konzentriert und prägnant formuliert. Scheinbar ein leicht lesbarer Text, nimmt sie in eleganter Polemik eine (meist) aktuelle Nachricht des Tages oder ein allgemeines Problem aus Gesellschaft und Kultur aufs Korn. Durch eine schlagende Beweisführung und eine überraschende Pointe zieht sie aus einer sachlichen Nachricht die satirisch überzeichnete Nutzanwendung oder fragt danach, welche Konsequenzen sich aus dem berichteten Vorfall ergeben (müssten).

Siehe
Kommunikationsfunktionen von Sachtexten
→ S. 90

9. Wägen Sie ab, welche Kommunikationsfunktionen die Sachtextart „Glosse" primär erfüllt.

Aspekt: Adressatenbezug

10. Beschreiben Sie den Adressatenbezug des Autors: Welches Publikum (Schicht, Bildung) hat er wohl beim Schreiben vor Augen?

Aspekt: Biografischer Kontext

11. Unterstreichen Sie in dem folgenden Kasten jene Auskünfte über Ecos Biografie, die Ihnen für die Analyse seiner Glosse wichtig erscheinen.

INFO

Umberto Eco (°5. Januar 1932): italienischer Schriftsteller und Medienwissenschaftler. Lehrte bis 2007 Semiotik (Wissenschaft von den Zeichensystemen) an der Universität Bologna. Seine zahlreichen Essays reichen von der Ästhetik des Mittelalters bis zur Poetik der Avantgarde, der Massenkommunikation und der Kultur des Konsums. Er arbeitet für zahlreiche Tageszeitungen; seit 1985 schreibt er für die italienische Wochenzeitschrift *L'Espresso* nachdenkliche, humoristische oder auch bösartige Kolumnen unter dem Titel „Bustine di Minerva". Die italienische Politik verfolgt er mit kritischer Aufmerksamkeit und hat vor allem das populistische Regime Silvio Berlusconis mit intellektuellem Widerstand begleitet. Weltberühmt wurde er durch seine Romane, insbesondere den Mittelalterroman *Der Name der Rose*.

Aspekt: Publikationsform

12. Markieren Sie in dem folgenden Kasten diejenigen Informationen, die Sie in Ihre Analyse übernehmen möchten.

MATERIAL

Streichholzbriefe – italienisch *Bustine di Minerva* – heißen jene nicht nur von Rauchern geschätzten flachen Heftchen, die nicht nach der Göttin der Weisheit, sondern nach den gleichnamigen Zündhölzern benannt sind.

„Wenn die Innenseite einmal zufällig frei von Reklame ist, pflegen Männer sich darauf vage Ideen zu notieren, Telefonnummern von Frauen, die sie eines Tages womöglich lieben sollten, Titel von Büchern, die sie kaufen oder vermeiden wollen. Ich halte es durchaus für nützlich, Ideen auf Streichholzheftklappen zu notieren", meint Eco, und deshalb hat er seine regelmäßige Kolumne im *Espresso*, die von der deutschen Wochenzeitung *Die Zeit* teilweise übernommen wurde, so genannt. „Gedanken über das letzte nicht gelesene Buch, über die Intuition, die einem durch den Kopf schießt, wenn man auf der Autobahn plötzlich bremsen muss, um nicht auf einen Lastzug aufzufahren, über das Sein und das Nichts, über die berühmten Steppschritte von Fred Astaire ..."

1. Erstes Textverständnis festhalten → 2. Text aspektorientiert untersuchen → **3. Thesen des Textes erfassen** → 4. Gliederung erstellen → 5. Klausur schreiben → 6. Klausur überarbeiten

1. Formulieren Sie die zentrale Aussage- und Wirkungsabsicht der Glosse von Umberto Eco.

1. Erstes Textverständnis festhalten → 2. Text aspektorientiert untersuchen → 3. Thesen des Textes erfassen → **4. Gliederung erstellen** → 5. Klausur schreiben → 6. Klausur überarbeiten

1. Welche Aspekte Ihrer Vorarbeiten übernehmen Sie in die Einleitung?

2. Vervollständigen Sie das Gliederungsbeispiel für den Hauptteil der Klausur und formulieren Sie zu den einzelnen inhaltlichen Kernaussagen jeweils eine Überschrift.

1. These: Ecos Polemik gegen die Anthropomorphisierung (Vermenschlichung) von Tieren
2. Entfaltung der Argumentation bei Eco
   - 2.1 Erzählen eines Exemplums (einer Beispielgeschichte)
   - 2.2
   - 2.3
     - 2.3.1
     - 2.3.2
3. Begründungsverfahren
4. Stil der Argumentation
5. Kontexte

3. Entscheiden Sie, welche Möglichkeit, den Schluss zu gestalten, am besten zu Ihrem Gedankengang passt:

- ☐ Zusammenfassung zur Argumentationsweise
- ☐ Zusammenspiel von Intention und Wirkung
- ☐ Einschätzung der Wirksamkeit der Glosse
- ☐ Zusammenfassender Vergleich mit einem anderen Text zu demselben oder einem vergleichbaren Thema
- ☐ Bedeutung des Textes für Sie selbst
- ☐ oder: ______________________________

____

1. Erstes Textverständnis festhalten → 2. Text aspektorientiert untersuchen → 3. Thesen des Textes erfassen → 4. Gliederung erstellen → **5. Klausur schreiben** → 6. Klausur überarbeiten

Einleitung

1. Schreiben Sie eine Einleitung auf ein eigenes Blatt.

Hauptteil

2. Formulieren Sie nach der Einleitung – Ihrer Gliederung entsprechend – den Hauptteil bis einschließlich Punkt 3 aus.

TIPP

Ein schwieriges Kapitel beim Schreiben stellt die Stilanalyse dar. Zu leicht geschieht es,

- **dass man es bei einem bloßen Benennen einzelner formaler Kennzeichen bewenden lässt**
- **dass stilistische oder rhetorische Mittel lediglich aneinandergereiht werden**
- **dass Nebensächlichkeiten des rhetorischen Schmucks aufgegriffen und ins Zentrum gestellt werden.**

Stattdessen sollten Stilbeobachtungen immer mit der inhaltlichen Deutung verknüpft, also

- **nach ihrer Funktion im Sinngefüge erklärt werden**
- **zentrale Wirkungsmittel des Textes erfassen**
- **mehrere ähnliche Phänomene unter bestimmten Gesichtspunkten zusammenfassen.**

Siehe
Rhetorische Figuren
→ S. 93 f.

3. Wählen Sie mit Hilfe der obigen Kriterien einen der folgenden Ausschnitte aus Schülerarbeiten für Ihre Stilanalyse aus.

a

Eco stellt die Reaktionen der Öffentlichkeit auf den Tod der Kinder im Zeitraffer dar. Einerseits fasst er sie unter einem Oberbegriff zusammen („zynische Reaktion" … „soziale Interpretation", Z. 20, 23 f.), andererseits benutzt er rhetorische Mittel der Satzreduktion, vor allem die Ellipse und das Asyndeton im Zusammenhang mit der Akkumulation, scheut sich auch nicht, den Anakoluth anzuwenden („große Armut, geringe Bildung, leider ist man Subproletarier", Z. 24 f.), und macht – ohne dass er ausdrücklich seine Meinung formulieren müsste – mit diesen gehäuften Mitteln der Verkürzung und Verknappung seine Einschätzung der Medienkommentare deutlich: Der Leser kann sie getrost überfliegen, denn sie sind von untergeordneter Bedeutung, sie sind so unwichtig, dass nicht einmal ihre Urheber genannt, sondern zu Typen („zynische Reaktion", „soziale Interpretation") zusammengefasst werden.

b

Eco stellt die Bären als putzige Wesen dar. Vor allem durch Adjektive aus dem Bereich des Niedlichen und Gemütlichen („voll von gutmütigen, kreuzbraven, kuschelweichen und beschützenden Bären", Z. 78 f.) kann der Leser sich die knuffigen Tiere plastisch vorstellen und fühlt sich an seine eigene Kindheit erinnert. Dem Leser von heute tritt automatisch das Bild des Berliner Eisbären Knut vor Augen.

c

Der Autor benutzt auch Anaphern, so in Z. 11, 12: „man diskutiert ... man gibt zu ...". Auch in Z. 67–69 findet sich noch eine Anapher: „Die Legenden von ehedem ... die Legenden von heute". Epiphern hat Eco nicht verwendet, doch zahlreiche Asyndetons, um die tatsächlichen Eigenschaften der Tiere zu verdeutlichen.

4. Stellen Sie nun – entsprechend Ihrer Gliederung – auf eigenem Papier ausgewählte Kontexte dar.

Schluss

5. Hier einige Anregungen für den Schluss Ihrer Klausur, die Sie ausbauen oder miteinander verknüpfen könnten.

ABI

Eine reflektierte Schlussfolgerung am Schluss Ihrer Klausur ist unabdingbar. Sie bündelt die Sachtextanalyse und bringt sie auf den Punkt und zeigt die Resultate, die aus dem Zusammenspiel von Struktur, Intention und Wirkung entstehen.

In manchen Bundesländern gehört zur reinen Sachtextanalyse eine Wertung oder Beurteilung des Textes – in anderen soll nur dann beurteilt werden, wenn dies in einer Zusatzaufgabe ausdrücklich gefordert ist.

Zusammenfassung zur Argumentationsweise

Zeitgeist-Analyse, Kritik des „unglücklichen Bewusstseins", trotz der essayistisch-feuilletonistischen Form systematisch argumentierend, allerdings ohne sozialwissenschaftlich oder biologisch relevante Belege, ausgehend von Erfahrungswerten, deutlich aufklärerische, didaktische Absicht

Zusammenspiel von Intention und Wirkung

Eco nutzt die Darstellungsmöglichkeiten der Glosse: Er arbeitet mit Mitteln des Makabren, des schwarzen Humors, der Pointe, der Paradoxie: für den (schockierten, amüsierten, nachdenklichen) Leser schlaglichtartiges Bewusstwerden der Fehlentwicklungen im Verhältnis von Tier und Mensch.

Einschätzung der Wirksamkeit der Glosse

Eco stellt im gesamten Text einen überzeugenden Leserbezug her. Er nutzt und mischt verschiedene Sprachfunktionen, um das Leserinteresse wachzuhalten: So beginnt er mit einem pointiert formulierten Bericht über ein grausiges Ereignis, entfaltet danach aber eine systematisch aufgebaute und übersichtlich strukturierte Argumentation und rundet die Analyse ab, indem er mit seinem Schlusssatz noch einmal auf den Titel zurückgreift. Das ist eine geschickte Methode, den Leser auch nach der Lektüre noch einmal über „Mensch" und „Tier" und ihre wahre Natur nachdenken zu lassen.

Training 2: Analyse und Erörterung eines Interviews

→ Lösungsheft S. 24–25

Die Rechten sind nicht nur die anderen

Von der Strukturuntersuchung zur Selbstaufklärung: Ein Gespräch mit Volker Lösch und Stefan Schnabel über Theater, Rechtsradikalismus und die demokratische Mitte

THEATER HEUTE Wir wollen uns mit der Frage beschäftigen, ob und wie man tatsächlich „Theater gegen Rechts" machen kann. So nennt sich eine Aktion der Theater in Sachsen-Anhalt. Sie, Stefan Schnabel, haben als Dramaturg von Volker Löschs Dresdner *Woyzeck*-Inszenierung im Begleitbuch geschrieben, der Dresdner Bürgerchor solle „einen Bericht zur Lage der Nation formulieren, das Staatsschauspiel wird zum Forum, auf dem die Bürger unserer Stadt von ihrem Leben sprechen und handeln". Es geht um „Ursprung, Gefährdung und Zukunft der Demokratie in den neuen Bundesländern". Wie sind Ihre Erfahrungen, nicht nur mit *Woyzeck*, auch mit den Vorläufern, in denen ein Dresdner Bürgerchor mitspielte, die *Orestie* 2003 und die *Weber* von 2004?

STEFAN SCHNABEL Mit diesem Label „Theater gegen Rechts" fängt das Problem schon an. Der Begriff Rechtsextremismus unterstellt, dass es eine gesunde, demokratische Mitte gibt und undemokratische, rechtsextremistische Ränder. Doch leider belegen sozialwissenschaftliche Studien, dass zum Beispiel drei Viertel aller Sachsen der Meinung sind, in Deutschland lebten zu viele Ausländer. 45 Prozent meinen, dass Ausländer zurückgeschickt werden müssten, wenn die Arbeit knapp wird. Das heißt: Rechtsextremismus ist kein Randphänomen und kein Jugendlichenproblem, sondern kommt aus der Mitte der Gesellschaft. Also von uns. Deshalb haben wir unsere Zuschauer nach ihren Wünschen, Ängsten, politischen Meinungen gefragt und die Antworten in die *Woyzeck*-Geschichte montiert. Die zentrale Frage unserer Arbeit war: Was haben wir friedliebenden, aufgeklärten Theaterbesucher mit menschenfeindlichen Einstellungen und rechtsextremistischer Gewalt zu tun? Der Dresdner *Woyzeck* ist vor allem Theater gegen uns selbst.

VOLKER LÖSCH Ich würde sagen: Das ist Theater über Rechtssein, nicht Theater gegen Rechts. Wenn ich gegen Rechts vorgehen will, werde ich besser Streetworker oder Sozialarbeiter, engagiere mich also auf eine ganz unmittelbare Art. Das Theater ist ja dagegen sehr mittelbar, weil nur eine ganz bestimmte Klientel da unten sitzt und nicht alle reingehen. Was mich oft sehr wütend und unzufrieden macht. Aber das ist eine andere Geschichte. Es geht um unser Rechtssein, nicht darum, wie ich mir einen Rechten vorstelle. Ein Schauspieler, der einen Skin spielt, das leuchtet mir nicht mehr ein. Obwohl ich das früher als Schauspieler selbst gemacht habe. Es bedeutet doch, Dinge darzustellen, von denen man letztlich überhaupt nichts versteht. Das führt beim Zuschauer zu wohligem Schauer, und danach geht man schön essen.

THEATER HEUTE Moralische Selbstbefriedigung.

VOLKER LÖSCH Genau: Rührung statt Berührung, das ist geradezu kontraproduktiv. Ich habe in Dresden 2001 Ferdinand Bruckners *Rassen* inszeniert, da steht im dritten Akt der Held, der nach rechts abgedriftet ist, vorm Spiegel, gewinnt erschreckt Einsicht in sein Tun und kehrt um. Wir haben den dritten Akt dann komplett gestrichen und stattdessen eine Szene erfunden, die unsere hohlen Betroffenheitsrituale bezüglich jüdischer Opfer thematisierte. Das war ein erster Impuls, bei uns selber nachzugucken. Aber wie kommen wir da dauerhaft ran? Wir sitzen ja auch ständig vor dem Spiegel – im Theater nämlich. Wir kommen ja gar nicht ran an die Wirklichkeit.

THEATER HEUTE Die Methode dafür war der Bürgerchor, beginnend mit der *Orestie*, wo Sie die Bürger selber zum Reden gebracht haben.

VOLKER LÖSCH Da hatte der Chor noch eine passivere Rolle, weil er nur kommentierte. Er war eine Folie, vor der die Schauspieler spielten. Wir hatten die Beteiligten nach ihrem Verhältnis zur Demokratie gefragt und haben das in den Pausen im Film gezeigt. Und das Interessante war, dass die irritierenden, beunruhigenden Antworten von den Laien kamen. Von den Schauspielern kam nur routiniert reflektierter Quatsch, der intellektuell wirken wollte. Unverstellte, direkte Antworten zu erhalten, das ist wohl nur mit Laien möglich. Was wir da über die Einstellung zur Demokratie erfahren haben, hat mich schockiert und als Westdeutschen ganz neu über den Ort nachdenken lassen, an dem ich arbeitete.

STEFAN SCHNABEL Der erste Schritt der Aufklärung über Rechts ist die Erschütterung unseres Selbstbewusstseins, dass die Rechten die anderen sind. Dass wir damit nichts zu tun haben. Im Dresdner *Woyzeck* sitzt der geheime Regisseur im Zuschauerraum und bestimmt das Spiel auf der Bühne. Die Zuschauer werden zu Augenzeugen einer Gewalt, die sie selbst verursacht haben. Und ihre eigenen Aussagen tragen entscheidend dazu bei, dass ihre gesellschaftliche „Mittäterschaft" an Rechtsextremismus und Gewalt in Ostdeutschland mit den Mitteln des Theaters aufgeklärt werden kann. Das ist die Utopie des Dresdner *Woyzeck*. […]

INFO

Volker Lösch, geb. 1963 in Worms und aufgewachsen in Montevideo, ist seit der Spielzeit 2005/2006 Hausregisseur am Schauspiel Stuttgart. Seine Regiearbeit ist davon geprägt, dass er Schauspiellaien einsetzt, die auf der Bühne ihre politischen Ansichten, Sorgen und Ängste artikulieren. Zurzeit arbeitet er hauptsächlich in Stuttgart, Berlin und Hamburg.

Seit der *Weber*-Inszenierung begleitete Stefan Schnabel, geb. 1958 in Nürnberg, von 2006 bis 2009 Chefdramaturg in Dresden, Volker Löschs Dresdner Arbeiten dramaturgisch. Seit 2009 ist er Chefdramaturg Schauspiel am Theater Magdeburg.

› Stellen Sie die Argumentation von Volker Lösch und Stefan Schnabel dar. Erläutern Sie knapp die zentralen Aussagen des Interviewausschnitts.

› Erörtern Sie – ausgehend von den Thesen von Regisseur und Dramaturg – die Frage, ob Theater politisch wirken kann und soll.

1. Erstes Textverständnis festhalten → **2.** Text aspektorientiert untersuchen → **3.** Eigenständige Position entwickeln → **4.** Gliederung erstellen → **5.** Klausur schreiben → **6.** Klausur überarbeiten

1. Formulieren Sie Ihren ersten Leseeindruck und achten Sie dabei besonders auf die Überschrift.

2. Was ist das zentrale Thema/Problem des Gespräches über Theater, Rechtsradikalismus und die demokratische Mitte?

1. Erstes Textverständnis festhalten → **2. Text aspektorientiert untersuchen** → 3. Eigenständige Position entwickeln → 4. Gliederung erstellen → 5. Klausur schreiben → 6. Klausur überarbeiten

Aspekt: Textaufbau

1. Führen Sie die folgende Strukturierung des Gespräches fort.

1. Ausgangsfrage von *Theater heute*, ob und wie man ‚Theater gegen Rechts' machen kann
   - 1.1 Hinweis auf das Dresdner Theaterprojekt („Bürgerchor")
   - 1.2 Erfahrungen mit dem Theaterprojekt
2. Infragestellung der Ausgangsfrage
   - 2.1 in der Ausgangsfrage enthaltene Unterstellung
   - 2.2 dagegen Ergebnisse sozialwissenschaftlicher Studien
   - 2.3 Konsequenz für das Theater: Installierung des „Bürgerchors"
   - 2.4 Theater gegen die Mitte der Gesellschaft
   - 2.5 Theater über Rechtssein statt Theater gegen Rechts
3. Möglichkeiten und Grenzen des Theaters
   - 3.1
   - 3.2
   - 3.3
   - 3.4
   - 3.5

Aspekt: tagespolitische Bezüge

2. Verorten Sie das Gespräch im Kontext tagespolitischer Ereignisse, indem Sie die entsprechenden Stichworte aus dem folgenden Materialkasten exzerpieren.

MATERIAL

„Theater gegen Rechts" war das Thema der Februarausgabe 2008 der Zeitschrift *Theater heute*, in der auch das obige Gespräch erschienen ist. In einer Einleitungsreportage geht Bernd Noack auf rechte Gewaltexzesse gegen eine Schauspielgruppe ein:
„Als im Juni 2007 in Halberstadt rechtsradikale Jugendliche eine Gruppe von Tänzern und Schauspielern des Nordharzer Städtebundtheaters krankenhausreif schlugen, waren das Entsetzen, die Empörung und gleich darauf das Medieninteresse groß. Boulevardblätter und Feuilletons gleichermaßen stürzten sich auf die Story, die nicht nur davon handelte, dass ein paar betrunkene Glatzen mit Springerstiefeln einen gerade von der Premiere der *Rocky Horror Picture Show* kommenden jungen Mann mit rot gefärbtem Irokesenschnitt verprügelt hatten, sondern vor allem von der ‚neuen Qualität' des Übergriffs: Hier waren Angestellte einer städtischen Institution attackiert worden, die Polizei aber hatte die Sache (mal wieder) nur mit gebremstem Schaum verfolgt. Da erwachte auch der gutmütigste Halberstädter Bürger aus seiner Lethargie, mit der er ansonsten der stadtbekannten rechten Präsenz begegnet: darüber, dass am helllichten Tag auf dem Marktplatz ein fremder älterer Mann von einem Jugendlichen am Bart gerissen und mit ‚Du verlauster Rabbi' beschimpft wird, mochte man doch nur hilflos und angewidert den Kopf schütteln, dass aber nun auch die allseits beliebten Künstler, die man am Abend noch auf der Bühne gesehen hatte, nicht mehr ihres gefahrlosen Heimwegs sicher sind, war denn doch zu viel: ‚Das wurde als Angriff auf die Mitte der Gesellschaft, auf die Bürgerlichkeit schlechthin empfunden', sagt André Brücker, Intendant in Halberstadt."

1. Erstes Textverständnis festhalten → 2. Text aspektorientiert untersuchen → **3. Eigenständige Position entwickeln** → 4. Gliederung erstellen → 5. Klausur schreiben → 6. Klausur überarbeiten

1. Formulieren Sie möglichst prägnant die von Regisseur und Dramaturg im Gespräch geäußerten Positionen.

ABI

Die reine Textanalyse sollte bei einer Erörterung etwa 1/3 der Klausur ausmachen. Die eigentliche Erörterung, also die argumentative Auseinandersetzung mit dem Ausgangstext und dem Thema des Textes geht zu 2/3 in die Bewertung Ihrer Klausur ein.

2. Setzen Sie sich kritisch mit den Thesen des Textes auseinander, indem Sie die folgende Matrix ausfüllen.

Aussagen	*Vollständige Zustimmung*	*Teilweise Zustimmung*	*Ergänzung*	*Ablehnung*	*Korrektur*
Rechtsextremismus ist kein Randphänomen					
„Bürgerchor" ist geeignete Methode, dies zu demonstrieren					
Theater bewirkt häufig nur „Rührung statt Berührung"					
Theater kann in seiner Wirkung nur „mittelbar" sein					
Theater kann aber Mittäterschaft der breiten Masse am Rechtsextremismus „aufklären"					
Eigene Thesen / Meinungen					
Eigene Begründungen					
Eigene Beispiele					

3. Formulieren Sie möglichst kurz und prägnant Ihre eigene Position zu der Ausgangsfrage: „Kann und soll Theater politisch wirken?"

1. Erstes Textverständnis festhalten → 2. Text aspektorientiert untersuchen → 3. Eigenständige Position entwickeln → **4. Gliederung erstellen** → 5. Klausur schreiben → 6. Klausur überarbeiten

Siehe
Gliederungsmodelle für Erörterungen
→ S. 95

1. Entwickeln Sie auf einem eigenen Blatt eine Gliederung mit Notizen. Wenn Sie möchten, können Sie sich an der folgenden Struktur orientieren:

1. Einleitung
(z. B. Stichpunkte aus dem Materialkasten, S. 106)

2. Hauptteil

2.1. Textanalyse
(Formulierung der Theatervorstellung, die im Ausgangstext entwickelt wird, kurze Skizze der Auffassung des Ausgangstextes im Blick auf die zu erörternde Frage)

2.2 Texterörterung
(Rückgriff auf die Ergebnisse der Matrix, Ordnung der eigenen Argumente)

3. Schluss

1. Erstes Textverständnis festhalten → 2. Text aspektorientiert untersuchen → 3. Eigenständige Position entwickeln → 4. Gliederung erstellen → **5. Klausur schreiben** → 6. Klausur überarbeiten

Siehe
Formulierungshilfen für Texterörterung
→ S. 95
Anordnungsweisen von Argumentationsschritten
→ S. 91 f.

1. Formulieren Sie entsprechend Ihrer Gliederung die Klausur auf eigenem Papier aus. Sie können den folgenden Argumentationsgang in Ihre Erörterung übernehmen.

Argumentationskette

1. Ich halte den Theateransatz von Stefan Schnabel und Volker Lösch für interessant, aber viel zu eng.
2. Man muss daher überlegen, ob dieser Ansatz nicht sehr spezifisch auf die neuen Bundesländer zielt.
3. Der bessere Weg scheint mir zu sein, von einem Ansatz auszugehen, der für alle Bundesländer zutrifft.
4. Dann nämlich kann man grundsätzlicher erkennen, ob Theater politisch wirken kann und soll.
5. Deshalb sollten wir uns entscheiden, die Tragfähigkeit eines Theateransatzes, der für die neuen Länder interessant ist, auch für die alten Bundesländer zu überdenken.

Original-Abituraufgabe

→ Lösungsheft S. 25–26

THOMAS JONIGK (* 1966)

Corporate Identity

Ich kenne niemanden unter zwanzig, der gerne ins Theater geht

[...] Ich verlange nicht von einem älteren Autor, zum Anwalt der Themen meiner Generation zu werden. Das wäre grotesk. Ich verlange aber wohl, dass die Inhalte meiner Generation wahrgenommen werden und ihren Platz am Theater erhalten. Hätte ich gemeinsam mit einem jungen Regisseur das identische Resultat auf die Bühne gebracht wie Botho Strauß und Peter Stein mit *Die Ähnlichen*[1] am Wiener Theater an der Josefstadt, wir wären von Kritikern und Publikum in der Luft zerrissen worden. Zu Recht.

Das Theater braucht ebenso mündige Künstler wie Kritiker. Integrität ist gefordert. Ehrlichkeit. Nicht mehr und nicht weniger. Und weniger ist sicher mittlerweile am Theater mehr: weniger Inszenierungen eines Regisseurs pro Spielzeit, weniger Ausstattungsetat pro Produktion, weniger Anspruch des Dichters auf Unsterblichkeit.

Ich will mich nicht in Schuldzuweisungen ausmehren. Es ist mir lieber, dass *Die Ähnlichen* gespielt wird, als der hundertfünfzigste Versuch zu beweisen, wie aktuell *Nathan der Weise*[2] gerade heute wieder ist. Gute Gegenwartstexte lassen sich nicht aus dem Boden stampfen, aber es gibt genügend verfügbare. Es ist schwer zu sagen, wie es sein sollte, aber legitim zu sagen, wie es nicht sein sollte: Schluss mit Ausstattungswahn, manierierten[3] Starschauspielern, Regisseuren, die alles tun, damit es um nichts geht. Hin zur einfachen Aussage, zur schlichten Frage, zum vertretenen Anliegen, dem beklagten Defizit, der formulierten Sehnsucht, der Unfertigkeit, zu bekennender Brüchigkeit, zum Mut zur Unterhaltung, zur Poesie und Utopie. Raus aus dem Museum, hinein in die Gegenwart. Herunter von ausgetretenen Pfaden, auch wenn nicht klar ist, wo entlang es gehen soll. Wir befinden uns auf einem sinkenden Schiff. Weshalb erhobenen Hauptes den Glauben an die eigene Unsinkbarkeit demonstrieren? Die Anbiederung an ein traditionelles Abonnementpublikum funktioniert ebenfalls nicht mehr. Selbiges stirbt ohnehin in nächster Zukunft aus, weil nicht im ausreichenden Maß Wege beschritten werden, die sich an eine junge Generation wenden, ohne die die Zukunft des Theaters nicht stattfinden wird. Ich kenne niemanden unter zwanzig, der gerne ins Theater geht.

Theater ist verstaubt, aber noch nicht tot. Was muss angestellt werden, um es zu verjüngen bzw. für ein junges Publikum interessant zu machen?

Ich bin davon überzeugt, dass die Gegenwart (in Form von Themen und von jungen Zuschauern) über Gegenwartstexte bzw. -projekte Einzug auf der Bühne hält oder gar nicht. [...]

(1998)

1 ***Die Ähnlichen:*** Ein Stück des Schriftstellers Botho Strauß (geb. 1944), das dem Verfasser des Artikels (der junge Autor Jonigk) überhaupt nicht gefallen hat, da, wie er zuvor beschreibt, dessen Blick auf die Gesellschaft der Gegenwart seiner Wahrnehmung vollkommen widerspricht. Botho Strauß gehört zu den meistgespielten zeitgenössischen Dramatikern auf deutschen Bühnen. Peter Stein (geb. 1937) ist ein bekannter Theater- und Filmregisseur.

2 ***Nathan der Weise:*** Drama der Aufklärung von G. E. Lessing

3 **manieriert:** gekünstelt, unnatürlich, übertrieben

› **Stellen Sie den Argumentationsansatz und den Argumentationsgang des Textes unter Berücksichtigung der Darstellungsweise und der Argumentationsstrategie dar. Erläutern Sie knapp zentrale Aussagen des Textes.**

› **Erörtern Sie, ausgehend von den Thesen Jonigks, die Frage, ob für die junge Generation heute dennoch eine Auseinandersetzung mit Lessings Drama *Emilia Galotti* lohnend erscheint.**

Adressatenbezogenes Schreiben

Einen Brief schreiben, eine Rede halten, einen Debattenbeitrag verfassen oder eine Argumentationsstrategie ausarbeiten – die eine oder andere dieser Schreibaufgaben wird im Laufe Ihres Lebens – und das heißt schon bald: außerhalb der Schule – an Sie herangetragen werden. Umso wichtiger ist es, dass Sie schon während Ihrer Schulzeit das Bewältigen solcher realistischen Schreibsituationen üben. Um dies zu unterstreichen, hat die Kultusministerkonferenz der Länder eine Aufsatzform in den Kanon der möglichen Abituraufsätze aufgenommen, die dort „Adressatenbezogenes Schreiben" genannt wird. Der Abituraufgabe zu dieser Aufsatzform liegt ein Sachtext zugrunde, die Aufgabenstellung ist in den meisten Fällen dreiteilig:

Im ersten Aufgabenteil werden Sie aufgefordert, den zugrunde liegenden Text in Bezug auf seinen Inhalt, seine Argumentationsstrategie und seine Sprache zu analysieren. Es geht hier also um eine kurze Sachtextanalyse, die etwa ein Viertel der Gesamtklausur ausmachen sollte.
Im zweiten Aufgabenteil sollen Sie sich mit dem Ausgangstext auf eine gestaltende Weise auseinandersetzen. Hierzu wird Ihnen eine Schreibsituation vorgegeben, die Sie sich genau vorstellen müssen. Die argumentative Textsorte, die Sie für diese Situation verfassen sollen, wird ebenfalls vorgegeben. Es kommt also darauf an, dass Sie sich zum einen mit Ihrem Schreibprodukt genau auf den kommunikativen Kontext und auf die Adressatengruppe beziehen und dass Sie zum anderen die formalen und sprachlichen Merkmale der zu entwerfenden Textsorte genau kennen und umsetzen. Darüber hinaus sollten Sie selbstverständlich auch den Sachansprüchen des Themas gerecht werden. Die Bewältigung dieses gestaltenden Aufgabenteils macht etwa die Hälfte Ihrer Klausur aus.
Im dritten Aufgabenteil, der jedoch nicht in allen Bundesländern gestellt wird, werden Sie aufgefordert, Ihre eigene Argumentations- und Schreibstrategie aus dem zweiten Aufgabenteil zu erläutern. Diese Reflexion umfasst etwa ein Viertel der Gesamtklausur.

Das folgende Kapitel will

- **Ihnen helfen, Ihr Wissen über jene Textsorten einzuschätzen und aufzufrischen, die Sie für die Aufsatzart „Adressatenbezogenes Schreiben" kennen sollten,**
- **Ihnen die Strategien ins Bewusstsein rufen, die Sie beherrschen müssen, um einen guten argumentierenden Text zu schreiben,**
- **Ihnen zeigen, wie man Schritt für Schritt einen Sachtext erschließt und die Gestaltungsaufgabe vorbereitet,**
- **mit Ihnen zusammen die sinnvollen Arbeitsschritte hin zu einer gelungenen Klausur gehen,**
- **Ihnen ermöglichen, eine offizielle Abituraufgabe zu bearbeiten und Ihre Übungsklausur selbstständig zu bewerten.**

Aufgaben zur Selbsteinschätzung

→ Lösungsheft S. 26

1. Lesen Sie die folgenden Textauszüge.
   - Bestimmen Sie, zu welcher Textart der jeweilige Text gehört.
   - Halten Sie fest, woran Sie die Textart erkannt haben.
   - Notieren Sie weitere Kennzeichen der jeweiligen Textart.

a

Lieber Wilhelm! 10. Mai
Eine wunderbare Heiterkeit hat meine ganze Seele eingenommen, gleich den süßen Frühlingsmorgen, die ich mit ganzem Herzen genieße. Ich bin allein und freue mich meines Lebens in dieser Gegend, die für solche Seelen geschaffen ist wie die meine. Ich bin so glücklich, mein Bester, so ganz in dem Gefühle von ruhigem Dasein versunken, dass meine Kunst darunter leidet …

Textart: ______________________________

Erkannt an: ______________________________

Weitere Kennzeichen dieser Textart: ______________________________

____

b

Wir warteten nur auf den Schrei des Unwillens, der von allen Seiten ertönt, um zu sprechen. Unsere Augen waren offen, wir sahen den Feind sich rüsten und sich erheben, aber wir haben das Lärmzeichen nicht gegeben […] Ich habe es Euch schon einmal gesagt: in zwei Abteilungen, wie in zwei Heereshaufen sind die inneren Feinde der Republik zerfallen.

Textart: ______________________________

Erkannt an: ______________________________

Weiter Kennzeichen dieser Textart: ______________________________

____

c

Bei Schiller war der Wille das Organ der Freiheit. Die Frage, ob es einen freien Willen geben könne, beantwortete er eindeutig: Wie sollte er nicht frei sein dieser Wille, da jeder Augenblick einen Horizont von ergreifbaren Möglichkeiten eröffnet. Man hat zwar stets begrenzte aber unerschöpfliche Möglichkeiten vor sich. Insofern ist Freiheit offene Zeit …

Textart: ______________________________

Erkannt an: ______________________________

Weitere Kennzeichen dieser Textart: ______

______

d

Des Teufels Advocat
Nicolas Stenmann geht mit Büchner in Berufung

Der Fall schien geprüft und erledigt. Das Verfahren Danton gegen Robespierre aus der Akte Büchner ist in den letzten Jahren in den verschiedenen theatralischen Instanzen mit erbitterter Heftigkeit wieder aufgerollt worden – mit jeweils unterschiedlichen, wenngleich wenig überraschenden Ergebnissen. Jetzt hat Nicolas Stenmann in scheinbar aussichtsloser Lage Revision eingelegt.

Textart: ______

Erkannt an: ______

Weitere Kennzeichen dieser Textart: ______

______

e

Dass Wissen Macht sei, gehört zu den unhinterfragtesten Einsichten des Volksmundes. Dass Wissen heutzutage ganz schön depressiv machen kann, zeigt der erste Roman des Kulturjournalisten der Süddeutschen Zeitung Ralph Hammerthaler. Sein namenloser Ich-Erzähler, bedenkliche Mitte dreißig, ist, nach einer Karriere, die ihn widerstandslos nach oben gespült hat, Verleger geworden, ohne zu wissen, wie das funktioniert.

Textart: ______

Erkannt an: ______

Weitere Kennzeichen dieser Textart: ______

______

f

Na, die Ölscheichs werden sich nicht wenig wundern. Wenn nämlich erst das deutsche Rindvieh an die Energiefront rückt. Denn sollte die wahrhaftig geniale Idee unseres Bundestierschützers Professor Grizmek, den Methangasausstoß unserer Kühe in Heizkraft umzusetzen, eines Tages eine Sache sein, die Hand und vier Füße hat, ließe sich sehr viel leichter auf die Wüstenbohrer pfeifen.

Textart: ______

Erkannt an: ______

Weitere Kennzeichen dieser Textart: ______

______

Basislexikon Adressatenbezogenes Schreiben

Arbeitsschritte zum Verfassen einer Klausur zum Adressatenbezogenen Schreiben

1. Erstes Textverständnis festhalten → **2. Text aspektorientiert untersuchen** → **3. Gestaltungsidee entwickeln und reflektieren** → **4. Gliederung erstellen** → **5. Klausur schreiben** → **6. Klausur überarbeiten**

1. Erstes Textverständnis festhalten: Diesen Schritt sollten Sie sofort tun, nachdem Sie den Text einmal gelesen haben: die ersten Einfälle sind meist die besten.

2. Text aspektorientiert untersuchen: Welche Aspekte sinnvoll und lohnend untersucht werden können, hängt vom Text und von der Aufgabenstellung ab. Sie sollten also den Text noch einmal gründlich lesen (Basistraining, S. 7–12) und die Aufgabenstellung analysieren (Basistraining, S. 13–14), bevor Sie sich auf Untersuchungsaspekte festlegen. Beachten Sie auch den Aspektestern auf S. 90.

3. Gestaltungsidee entwickeln und reflektieren: Dieser Schritt verlangt einige Kreativität, aber vielleicht nicht so viel, wie man denken könnte. Die Gestaltungsidee richtet sich wesentlich nach den Vorgaben der Aufgabenstellung: der Textsorte, die Sie verfassen sollen, der Adressatengruppe und dem Kommunikationskontext. Selbst festlegen können Sie den Aufbau Ihres Textes und Ihre Schreibstrategie (S. 114).

4. Gliederung erstellen: Für diesen Schritt sollten Sie ausreichend Zeit einplanen: Mit einer detailliert ausgearbeiteten Gliederung kann der eigentliche Schreibprozess leichter bewältigt werden.

5. Klausur schreiben: Lesen Sie jeden neu geschriebenen Absatz einmal durch, bevor Sie weiterschreiben. Fehler können Sie auf diese Weise sofort korrigieren. Außerdem gelingt der Anschluss des neuen Gedankens leichter und Wiederholungen werden vermieden.

6. Klausur überarbeiten: Unter Klausurbedingungen haben Sie für diesen Schritt selten genügend Zeit. Konzentrieren Sie sich beim abschließenden Durchlesen Ihrer Klausur auf die sachliche Richtigkeit und den „roten Faden".

Gängige Textarten für das Adressatenbezogene Schreiben

Leserbrief

› In der Regel ist dies die Zuschrift eines Lesers an eine Zeitung. Der Leser nimmt in diesem Brief kritisch oder berichtigend oder ergänzend Bezug auf einen Artikel, der in der Zeitung erschienen ist. Manchmal bezieht er sich auch auf ein Thema, das von allgemeiner Bedeutung ist und das noch nicht in der Zeitung besprochen worden ist. Der Leser hat oft einen emotionalen Bezug zum Thema, sodass der Leserbrief stark subjektiv gefärbt sein kann.

Rezension

› Die Rezension, manchmal auch Kritik genannt, gehört zu den meinungsbildenden Texten in den Medien. In ihr werden Veröffentlichungen und kulturelle Ereignisse besprochen, z. B. Bücher, CDs, Theaterstücke, Konzerte, Ausstellungen, Filme. Die Wiedergabe des Inhalts und die Wertung durch den Rezensenten werden nicht immer „sauber" getrennt, vielmehr geht beides oft ineinander über. Eine gute Rezension informiert nicht nur, sondern bewertet auch die Qualität der Veröffentlichung oder des kulturellen Ereignisses.

Kommentar

› In einer Zeitung gehört der Kommentar zu den meinungsbildenden Textsorten. Er nimmt zu einem aktuellen Ereignis Stellung, erläutert die Wichtigkeit des Themas, macht mit Zusammenhängen vertraut, wägt unterschiedliche Auffassungen ab und verhilft dem Leser dazu, sich ein abgerundetes Bild über das Ereignis zu machen. In einem guten Kommentar sollte immer die Position des Schreibers deutlich werden.

Glosse

› Die Glosse gehört ebenfalls zu den meinungsäußernden und meinungsbildenden journalistischen Darstellungsformen. Sie ist die schwierigste Kommentarform, da sie die Meinung des Autors konzentriert und prägnant formuliert. Scheinbar ein leicht lesbarer Text, nimmt sie in eleganter Polemik eine (meist) aktuelle Nachricht des Tages oder ein allgemeines Problem aus Gesellschaft und Kultur aufs Korn. Durch eine schlagende Beweisführung und eine überraschende Pointe zieht sie aus einer sachlichen Nachricht die satirisch überzeichnete Nutzanwendung oder fragt danach, welche Konsequenzen sich aus dem berichteten Vorfall ergeben (müssten).

Essay

› Der Essay (engl. Versuch, Abhandlung) ist ein Text, der sich mit einem kulturellen, politischen oder auch gesellschaftlichen Thema in geistvoll durchdachter Weise auseinandersetzt. Im Unterschied zu einer streng wissenschaftlichen und möglichst objektiven Abhandlung ist der essayistische Stil eher geschliffen, geistreich pointiert, teilweise assoziativ. Die Argumentation ist weniger abwägend, sondern zugespitzt und durchaus subjektiv. Der Essay zielt weniger systematisch hergeleitete Ergebnisse als vielmehr auf Denkanstöße.

Exposé

› Das Exposé dient dazu, eine schriftliche Arbeit vorzustellen, die erst noch verwirklicht werden soll. Es kann zur Diskussion des Projektes und später als Fahrplan für das Verfassen der Arbeit genutzt werden. Das Exposé enthält die Skizze einer Fragestellung oder eines Handlungsgangs sowie eine Gliederung der geplanten Arbeit. Außerdem werden zugrunde liegende Hypothesen sowie Ziele und Methoden der Arbeit skizziert.

Rede

› Die Rede ist eine in sich geschlossene und mündlich vorgetragene sprachliche Mitteilung über ein bestimmtes Thema. Im Unterschied zu einem sachgebundenen Vortrag will der Redner nicht nur die dargebotenen Tatsachen darstellen, sondern auch seine Einstellung zu den Sachverhalten mitteilen und so die Zuhörer von seiner Sicht der Dinge überzeugen.

Schreibstrategien

- rhetorisch-appellativ
- sachlich-distanziert
- ironisch-satirisch

Möglichkeiten des Textaufbaus

- systematisch / unsystematisch
- streng argumentierend / mit Abschweifungen, kleinen Anekdoten
- ohne Beispiele / mit Beispielen

Ton

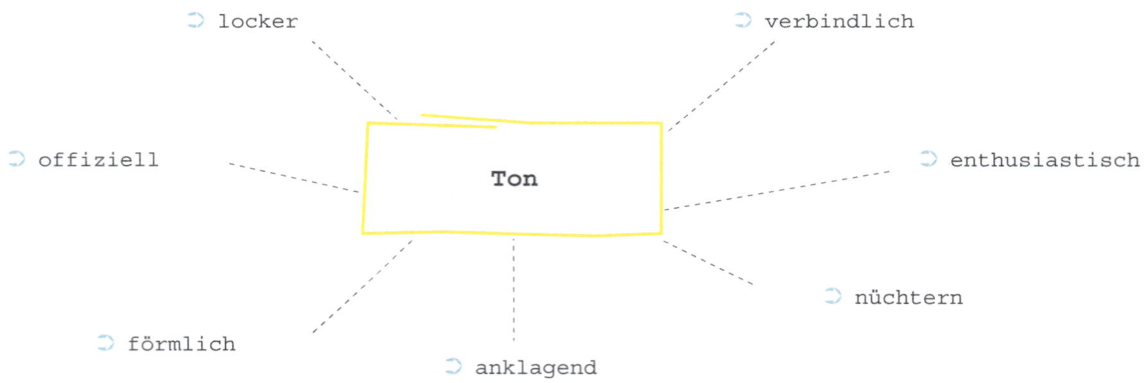

Fragen zur Bestimmung des Kommunikationskontextes

Wer spricht
- in welcher Weise?
- mit wem?
- worüber?
- wo?
- wann?
- warum?

Fragen zur Bestimmung der Adressatengruppe

- bekannt? / unbekannt?
- jung? / alt?
- gebildet? / bildungsfern?
- aufgeschlossen, interessiert? / skeptisch, distanziert?

Training: Verfassen einer Rede

→ Lösungsheft S. 26–27

GÜNTER KUNERT (* 1929)

Ungunst und Hoffnung

Günstiges lässt sich über die Lage der Lyrik kaum sagen. In einer Epoche der Wissenschaftsidolatrie[1] muss jede Dichtung notwendigerweise den Anschein der Vorgestrigkeit erwecken, denn trotz Aufnahme einer technologischen Terminologie bleibt doch ihre Methode der Welt- und Selbsterkenntnis unveränderbar. Das Bewusstsein des Gedichtes von der Wirklichkeit kann nicht verwissenschaftlicht werden.

Das Gedicht: älteste Kunst, aus Magie stammend, aus Metaphysik und Irrationalismus, reflektiert Realität anders als jede andere Literaturgattung. Eine Ahnung von der Verkehrtheit der Welt lebt in jedem Gedicht, nicht unbedingt als Protest, eher als ein Verwundern über das, was sich Mensch und Menschenwerk nennt; das lyrische Bewusstsein ist stets ein ontologisches[2], das noch in den winzigsten Entwurf eine Ahnung des ganzen Seins einbringen möchte, was jedoch unter den gegenwärtigen Umständen der totalen Spezialisierung, ergo Spaltung des Erdenbürgers, der dadurch die Totalität seiner Existenz verlor, ein anachronistisches Unterfangen ist.

Prosa immerhin passt sich an, liefert Splitter, Ausschnitte, Bruchstücke, Torsi, erhebt die Reduktion, die vorgebliche Unerkennbarkeit und Undurchsichtigkeit gesellschaftlicher Zusammenhänge zur Darstellungsweise oder, umgekehrt, bedient sich eines soziologischen Schemas, das, selbst wenn es relevant wäre, nur eine andere Art der Reduktion bedeutet, indem es alles, was nicht von der Soziologie vorher erfasst wurde, ausklammert und ignoriert. Das ist insgesamt Nachtrab-Literatur, die die Verhältnisse nie einholt, von denen sie Nachricht geben will, weil sie sich ihre Beine selber amputierte und nun auf Krücken aus dem dürren Holz der Geisteswissenschaften hinterherhinkt. Die Lyrik kann nicht einmal dieses Hinken zuwege bringen; sie, die nur aus der Ganzheit leben kann, stirbt ab, sobald sie ihre Grundlagen aufgibt; sie kränkelt wohl noch eine Weile als Sprachexperiment oder als Sprachrohr dahin, aber den letalen[3] Ausgang hält das nicht auf. In der Zwickmühle zwischen weltweitem Desinteresse und weltweiter Bevormundung erscheint es fast als Hauptaufgabe der Lyrik, überhaupt Lyrik zu bleiben und sich nicht zwischen den Mühlsteinen Zweckfreiheit und Utilitarismus zu Augenpulver zermahlen zu lassen.

Wie und wodurch Lyrik sich behaupten soll, ist das Problem, das den Lyrikern über den Kopf zu wachsen droht und das nicht dadurch zu lösen ist, dass eine neue Form, eine neue Sprache, neue Wörter und Metaphern gesucht und vielleicht auch gefunden werden; weder Leitartikel noch Wortfelder helfen da, sondern nur, wie ich ganz sicher glaube, die Besinnung auf die Grundlagen aller Dichtung: auf diese ganz besondere, sonderbare Art bewussten Empfindens der Welt – was freilich unter den gegenwärtigen Umständen von Melancholie, wenn nicht gar von Trauer durchtränkt, dafür zum Ausgleich und Trost aber nie integrierbar sein wird: ein Dorn, an dem man sich reißt und Schmerz verspürt und im Schmerz sich selber; ein Stachel, der verwundet, um zu heilen; eine merkwürdige Sache, die merkwürdigerweise durch Periphrasen[4] genauer geschildert erscheint als durch die Begriffe der Literaturtheorien. Denn die Wahrheit des Gedichts ist nicht die Wahrheit der Biologie, der Mathematik, der Kernphysik, der Ethnologie oder Historiografie, sondern die Wahrheit des Gedichts ist einzig und allein die Wahrheit des Gedichts, ohne welche ein Gedicht alles mögliche sein kann, bloß eben kein Gedicht.

(1970)

1 **Wissenschaftsidolatrie:** Vergötzung der Wissenschaft

2 **ontologisch** (hier): auf das Sein ausgerichtet

3 **letal:** tödlich

4 **Periphrase:** Umschreibung

- Arbeiten Sie wesentliche inhaltliche Gesichtspunkte des Textes von Günter Kunert heraus.
- An Ihrer Schule sind im Literaturkurs Gedichte verfasst worden, die an einem Lyrikabend der Schulöffentlichkeit präsentiert werden sollen. Verfassen Sie eine Einführungsrede, in der Sie besonders die „Lage der Lyrik bei heutigen Jugendlichen" erörtern. Beziehen Sie Ihnen wichtig erscheinende Aspekte der Kunert'schen Überlegungen mit ein.
- Erläutern Sie wesentliche gestalterische Entscheidungen Ihrer Textproduktion.

INFO

Günter Kunert, geboren 1929 in Berlin; weil seine Mutter Jüdin war, durfte er keine höhere Schule besuchen; 1946 Studium an der Hochschule für angewandte Kunst in Ostberlin; 1948 Eintritt in die SED; Mitunterzeichner der Petition gegen die Ausbürgerung Biermanns; 1977 Entzug der Mitgliedschaft in der SED und verstärkte Überwachung; seit 1979 freier Schriftsteller in Schleswig-Holstein.

1. Erstes Textverständnis festhalten → 2. Text aspektorientiert untersuchen → 3. Gestaltungsidee entwickeln und reflektieren → 4. Gliederung erstellen → 5. Klausur schreiben → 6. Klausur überarbeiten

1. Formulieren Sie Ihren ersten Leseeindruck zu Kunerts Notiz *Ungunst und Hoffnung*.

2. Welche Begriffe scheinen Ihnen zur Charakterisierung der Kunert'schen Sprache in diesem Text besonders treffend zu sein?

- ☐ bildlich-metaphorisch
- ☐ geschliffen
- ☐ sophistisch
- ☐ essayistisch
- ☐ appellativ
- ☐ apodiktisch
- ☐ komplex
- ☐ redundant
- ☐ sachlich
- ☐ umschreibend
- ☐ wissenschaftlich
- ☐ resignativ

1. Erstes Textverständnis festhalten → **2. Text aspektorientiert untersuchen** → 3. Gestaltungsidee entwickeln und reflektieren → 4. Gliederung erstellen → 5. Klausur schreiben → 6. Klausur überarbeiten

Aspekt: Textaufbau

1. Markieren Sie im Text das, was zum Thema „Wissenschaft" gesagt wird, blau, und das, was zu nicht-lyrischen Gattungen gesagt wird, grün.

2. Exzerpieren und erläutern Sie die sprachlichen Wendungen, mit denen Kunert die Lyrik im positiven Sinne charakterisiert.

Lyrik ist Methode der Selbst- und Welterkenntnis (Z. 5f.); Gedicht hat ein Bewusstsein von der Wirklichkeit (Z. 6f.); Gedicht enthält Ahnung von der Verkehrtheit der Welt (Z. 11f.)

3. Kunert äußert auch Kritik an bestimmten Formen von Lyrik. Schreiben Sie die entsprechenden Schlüsselbegriffe heraus.

Aufnahme einer technologischen Terminologie (Z. 4 f.), Sprachexperiment, Sprachrohr (Z. 36 f.)

4. In dem folgenden Infokasten sind einige Lyrikansätze der Nachkriegszeit bis 1970 benannt. Welche dieser Ansätze würde Kunert verwerfen wollen?

INFO

Zu Lyrikschulen der Nachkriegszeit

- **Naturlyrik – naturmagische Gedichte, die das Geheimnis der Natur thematisieren und sie in magisch-schönen Bildern zu fassen versuchen**
- **Moderne Naturlyrik – Kritik der naturmagischen Vorstellung, da überholt; politische Naturlyrik**
- **Reine Poesie – Weigerung, die reale Welt sprachlich zu fassen, Lyrik selbst sei poetisch-irreale Welt**
- **Sprachexperimente – Neue Avantgarde, Sprache als Wortmaterial**
- **Surrealistische Lyrik – vergleichbar der surrealistischen Kunst, Auflösung von Logik, Verzicht auf rationale Fass-barkeit**
- **Unsinnsgedichte – sprachliche Spielereien, die häufig jedoch auf den Unsinn der bürgerlichen Wertmaßstäbe anspielen, z. B. Genauigkeit, Ordnung, Mode, Reichtum etc.**
- **Aufbau- und Traktorenlyrik – Gedichte, in denen der sozialistische Aufbau der Nachkriegszeit gerühmt wird**
- **Propaganda-, Agitations- und Kampflyrik – Gedichte der Stalinzeit, in denen der Sozialismus und die kommunistische Partei gefeiert werden**
- **Konkrete Poesie – Entwurf von Text-Konstellationen, Textbüchern, punktuellen Dichtungen: Wörter sollen Eigenständigkeit erlangen**
- **Politische Lyrik, Protestlyrik – Gedichte, die in den sechziger Jahren die gesellschaftliche Ordnung und die herrschenden Machtverhältnisse kritisieren**
- **Hermetische Lyrik – in Chiffrensprache werden subjektive Vorstellungen gegen die gelenkte öffentliche Sprache gesetzt**

Aspekt: Argumentationsweise

5. Beschreiben Sie die Argumentation des Textes. Achten Sie auf die Klammer, die der erste Absatz mit dem letzten Satz bildet.

6. „Die Wahrheit des Gedichts ist einzig und allein die Wahrheit des Gedichts". Wie verstehen Sie diesen Satz? Welche rhetorische Figur liegt ihm zugrunde?

Aspekte Textart und Stil

INFO

Eine Notiz ist eine in schriftlicher Form festgehaltene kurze Information. Sie dient z. B. der Erinnerung an zu erledigende Aufgaben oder an Einfälle oder Gedanken, die nicht verloren gehen sollen. Sie sind somit Gedächtnisstützen. Eine berühmte Notizbuchart, gerade für Schriftsteller und Künstler, ist das Moleskine. In solchen handlichen und flexiblen Notizbüchern werden Skizzen, Zustände, Gedanken festgehalten, ohne systematisch entfaltet zu werden.

7. Welche stilistischen Merkmale einer Notiz finden Sie in Kunerts Text wieder? Achten Sie auf Wortwahl, Satzbau, Bilder, Aufzählungen und Thesen.

8. Überlegen Sie, welche Funktion diese Textart für den Schreiber hat und was Sie von Ihnen als Leser verlangt.

1. Erstes Textverständnis festhalten → 2. Text aspektorientiert untersuchen → **3. Gestaltungsidee entwickeln und reflektieren** → 4. Gliederung erstellen → 5. Klausur schreiben → 6. Klausur überarbeiten

1. Unternehmen Sie ein kurzes Brainstorming zu folgenden Fragen: Was macht für Sie selbst das Besondere der Lyrik aus? Was „kann" die Lyrik im Vergleich zu anderen literarischen Gattungen? Denken Sie auch an formale Aspekte, an Themen und typische Rezeptionsweisen.

2. Notieren Sie, welche Aussagen aus Kunerts Text Sie – zur Unterstützung Ihrer eigenen Position oder zur Darstellung einer Gegenposition – in Ihrer Rede erwähnen wollen.

Kunerts Lyrik-Auffassung	
Zustimmende Erwähnung	Kritische Erwähnung

3. Wie beurteilen Sie die Art und Weise, in der heute Jugendliche mit Lyrik umgehen? Welche Aufgabe kommt der Schule zu? Welche guten und schlechten Erfahrungen haben Sie mit Lyrik in der Schule gemacht? Notieren Sie Stichworte.

4. Versuchen Sie, das Hauptanliegen Ihrer Rede in einem Satz zu formulieren. Was wollen Sie den Zuhörern über die Lage der Lyrik bei Jugendlichen sagen?

5. Vergegenwärtigen Sie sich die Situation, in der Sie Ihre Rede halten sollten und beantworten Sie dazu stichwortartig die folgenden Fragen:

Wo, wann und in welchem Rahmen findet die Eröffnungsrede statt?

Welche Erfahrungen/Erwartungen haben die Mitglieder des Literaturkurses?

Wer sind die Zuhörer? Welche Erfahrungen haben sie vermutlich mit Lyrik? Welche Erwartungen haben sie im Blick auf den Abend?

Siehe
Fragen zur Bestimmung der Adressatengruppe
→ **S. 114**
Fragen zur Bestimmung des Kommunikationskontextes
→ **S. 114**

TIPP

Typische Redeelemente
- für etwas plädieren
- die Zuhörer einstimmen oder umstimmen
- Aufmerksamkeit für eine Sache wecken
- provozieren
- eine Gegenposition skizzieren
- zu etwas auffordern

Siehe Rhetorische Figuren → S. 93 f.
Siehe Ton → S. 114

6. Reflektieren Sie Ihre Gestaltungsentscheidungen, indem Sie stichwortartig folgende Fragen beantworten:

Welche inhaltlichen Schwerpunkte will ich setzen und warum?

Welchen Ton will ich wählen und warum?

Welche typischen Elemente der Rede will ich nutzen und warum?

1. Erstes Textverständnis festhalten → 2. Text aspektorientiert untersuchen → 3. Gestaltungsidee entwickeln und reflektieren → **4. Gliederung erstellen** → 5. Klausur schreiben → 6. Klausur überarbeiten

ABI

Anders als bei anderen Aufsatzformen ist es beim adressatenbezogenen Schreiben tatsächlich so, dass Sie drei kleine Aufsätze schreiben, also keine Gesamteinleitung und keinen Gesamtschluss.

1. Ergänzen Sie den folgenden Gliederungsvorschlag mit kurzen Notizen, indem Sie auf Ihre Vorarbeiten zurückgreifen.

1. Analyse des Kunert-Textes

1.1 Einleitung

1.2 Kunerts Lyrik-Auffassung

1.3 Kunerts Kritik anderer Lyrik-Auffassungen

1.4 Kunerts Sprache und Argumentationsweise

1.5 Schluss: Ungunst und Hoffnung

2. Eigene Rede zur Lage der Lyrik bei heutigen Jugendlichen

2.1 Einstieg

2.1.1 Begrüßung

2.1.2 Anlass

2.1.3 Thema der Rede

2.2 Lyrik und Jugendliche

2.2.1 eigene Erfahrungen

2.2.2 Aufgaben des Lyrikunterrichts

2.3. Was „kann" Lyrik?

2.3.1 formal

2.3.2 thematisch

2.3.3 durch ihre Kürze

2.3.4 Bestätigung oder Kontrastierung der eigenen Position: Kunerts Lyrikauffassung

2.4 Schluss: Warum also / warum trotzdem Lyrik?

2.4.1 Lyrik lesen

2.4.2 Lyrik schreiben

2.4.3 Eröffnung der Lesung: „Probe aufs Exempel"

3. Reflektierte Begründung der eigenen Gestaltungsentscheidungen

3.1 Begründung der inhaltlichen Schwerpunkte

3.2 Begründung des Tons und der Strategie

3.3 Begründung der aufgenommenen Rede-Elemente

1. Erstes Textverständnis festhalten → 2. Text aspektorientiert untersuchen → 3. Gestaltungsidee entwickeln und reflektieren → 4. Gliederung erstellen → **5. Klausur schreiben** → 6. Klausur überarbeiten

1. Formulieren Sie auf eigenem Papier – entsprechend Ihrer Gliederung mit Notizen – alle drei Teile der Klausur aus.

2. Nutzen Sie für den zweiten Klausurteil (die Rede) folgende Fragen und Antworten:

Wie fange ich an?	› formale Begrüßung und Benennung des Anlasses
Wie erlange ich die Aufmerksamkeit des Publikums?	› Betonung der Wichtigkeit des Themas für den Zuhörer
Wie erwecke ich das Interesse des Publikums?	› kurze und klare Ankündigung des Themas
Wie erlange ich das Wohlwollen der Zuhörer?	› freundliche, eventuell humorvolle Ansprache, bescheidenes Auftreten
Wie sollen meine Thesen untermauert werden?	› Argumente, Beispiele, Hinweise, Sentenzen
Wie kann ich mich so verständlich machen, dass die Zuhörer mir folgen wollen?	› angemessener Ton im Blick auf Zuhörer und Anlass › Sprachrichtigkeit, Kürze der Sätze › klare Formulierungen, begriffliche Deutlichkeit

Original-Abituraufgabe

→ Lösungsheft S. 27–28

IRIS RADISCH (* 1959)

Zeichen und Wunder

Gute Bücher bilden nicht nur Herz und Verstand: Sie machen auch glücklich

Früher, als es die Stiftung Lesen noch nicht gab, schickte der Herr ab und zu eine Botschaft aus dem Himmel, um die Erdbewohner zur Lektüre anzuhalten. Tolle, lege – Nimm und lies!, ermahnte eine rätselhafte Stimme den jungen Philosophen Augustinus, als dieser, zerknirscht wegen seiner Sünden, weinend unterm Feigenbaum saß. Augustinus stand auf und las. Augenblicklich durchflutete das Licht der Zuversicht sein Herz. Es war der Anfang einer großen Liebe. Das stille Lesen eines der großen weltumstürzenden Wunder.

Doch was taugt ein Weltwunder, das heute niemand mehr will? Was taugt eine Liebe, zu der man Leser, Bildungsreformer und Meinungsmacher inzwischen ermahnen und antreiben muss wie lahme Esel? Die schlimme Nachricht heißt: Nur noch sechs Prozent aller Deutschen greifen abends lieber zum Buch als zur TV-Fernbedienung. Das klingt zwar nach Bildungsapokalypse und Untergang des Abendlandes. Allerdings: Viel mehr Leser werden es zu Augustinus' Zeiten auch nicht gewesen sein. Die Probleme, die uns heute beschäftigen, sind nicht ganz neu. Kerner beliebter als Kleist? Wickert bekannter als Wieland? Auch damals wird es irgendeinen drahtigen Ansager gegeben haben, der die stammesfürstlichen Bulletins ausschrie. Und auch ihn wird man heftig verehrt haben.

Das Weltwunder Lesen war immer etwas für wenige. Bis die Aufklärung kam und eine grandiose Idee hatte: Gleichheit, Brüderlichkeit, Freiheit für alle – auch in der Erziehung. Folgt man der Idee, ist ein Verleger, der lieber Bücher über Steuertricks als Gedichte verlegt, ein kulturloser Geschäftemacher und sind Eltern, die ihr Automobil zwar vorbildlich parken, ihre Kinder aber blindlings vor dem Fernseher absetzen, gewissenlose Kinderverderber. Wie gesagt, eine großartige Idee.

Leider versagt sie in der Praxis. Denn in ihr kippen Fernseh- und Rundfunkintendanten ihre Kultursendungen haufenweise auf den Müll, steigt die Produktion von primitiven Wegwerfbüchern von Jahr zu Jahr, verbringen immer kleinere Kinder immer mehr Zeit vor dem Fernseher, sinkt die sogenannte Lesekompetenz nicht nur der Kinder. Politiker lassen nicht nur schreiben, sondern auch lesen, und die meisten ihrer Wähler können sich allenfalls noch auf Kürzesttexte konzentrieren. Was soll man machen? Lesen kann man nicht befehlen, nicht mit erhobenem Zeigefinger und auch nicht mit Appellen. Wie sollten die denn aussehen? Soll man lesen, um dem Kulturbürgertum anzugehören und einen Sonnenaufgang brav im Stil von Thomas Mann mit dem Rosenrot im griechischen Götterhimmel vergleichen zu können? Soll man lesen, um seine Eheprobleme zu lösen oder gar um in der multimedialen Gesellschaft mitzuhalten? Das alles wird nicht verfangen.

Sowohl die bildungsbürgerliche wie die alltagspsychologische und die medienkompetente Aufforderung zum Lesen haben wenig bewirkt. In Wirklichkeit gilt: Literatur kann nur durch sich selbst überzeugen. Sie ist nicht dazu da, Lebenswirklichkeiten nachzuplappern, zu überhöhen oder Berufskarrieren zu begründen. Sie ist etwas Ernsteres. Sie ist eine echte Alternative, keine Flucht vor der Wirklichkeit, sondern eine Gegenwirklichkeit, mancher sagt: die eigentliche Wirklichkeit. Nur in großer Literatur sind vergangene Zeiten gegenwärtig, nur hier ist das Innere eines anderen für uns erfahrbar, nur hier können wir uns selbst als Fremde begegnen, nur hier sind Anarchie und Subjektivität wirklich zu Hause. Was wüssten wir vom Judentum, was vom Christentum oder den anderen Religionen ohne Literatur? Und wo kann man noch immer unendlich viel mehr über die Liebe erfahren als im elenden Nachtprogramm von RTL?

Gute Bücher erklären und öffnen uns die Welt, wie niemand sonst es vermag. Sie schärfen unseren Möglichkeitssinn, verfeinern unser Gehör, bilden unseren Geschmack. Sie zerreißen den Panzer aus Konvention und Banalität, der uns umgibt. Gut geschrieben ist immer auch gut gedacht: Niemand, der heute Tolstoj gelesen hat, wird sich morgen mit den Phrasen eines sprachdebilen Medienkapitalismus abspeisen lassen. Von der „Lesbarkeit der Welt" hat der Philosoph Hans Blumenberg geschwärmt. Lesend können wir die Welt erkennen. Die andere Welt. Die, in der nicht alle Zeiger auf Geld gestellt sind. Und das ist – obwohl die meisten guten Bücher schlecht ausgehen – ein großes Glück. *Nimm und lies!*

(2003)

- Arbeiten Sie die Kernaussagen des Textes heraus und analysieren Sie seine Struktur und sprachliche Gestaltung.
- Gehen Sie von folgender Annahme aus: Sie haben diesen Artikel von Iris Radisch gelesen und möchten sich eingehend dazu äußern. Verfassen Sie einen Leserbrief.

Tipps zur Abiturvorbereitung

Es ist eine uralte Erfahrung, dass der Mensch dazu neigt, unangenehme Dinge zu verdrängen oder Anstrengendes, vielleicht auch Beängstigendes vor sich herzuschieben. Vor allem im Vorfeld von Prüfungen bevorzugt er die Vogel-Strauß-Taktik: den Kopf in den Sand zu stecken und zu hoffen, dass sich das Problem schon ‚irgendwie' von selbst löst.

Jeder hat natürlich seinen eigenen Arbeitsrhythmus. Deshalb können die folgenden Ratschläge zur Arbeitsorganisation nur ganz individuell beherzigt und umgesetzt werden.

Eines gilt aber für jeden: Eine kurze, wenn auch noch so intensive „Paukphase" unmittelbar vor der Prüfung ist ineffektiv. Der Prüfungsstoff ist für ein solches Verfahren einfach zu umfangreich. Das strategisch Klügste dürfte eine mittelfristig angelegte Vorbereitungsphase sein. Stürzen Sie sich nun aber nicht Hals über Kopf in die Wiederholung, sondern gehen Sie planmäßig vor:

- Machen Sie eine **Bestandsaufnahme**.
- Informieren Sie sich über die **Prüfungsmodalitäten**.
- Verschaffen Sie sich Klarheit über Ihr **Zeitmanagement**.

Bestandsaufnahme

Die Pflichtlektüren und -themen für das Abitur sind in den einzelnen Bundesländern in Anzahl und Auswahl sehr unterschiedlich. Sicherlich ist Ihnen bekannt, welche „Obligatorik" in Ihrem Bundesland gültig ist. Wenn nicht, informieren Sie sich bei Ihrem Fachlehrer. Die Pflichtlektüren und -themen werden von den Bildungsservern der Schul- oder Kultusministerien auch im Internet veröffentlicht.

1. Tragen Sie in die folgende Tabelle die verbindlichen Themen und Lektüren Ihres Bundeslandes ein und ordnen Sie sie in der literaturgeschichtlichen Reihenfolge. Überlegen Sie, in welcher Weise Sie den jeweiligen Stoff beherrschen.

Pflichtlektüren/ -themen	*kenne und beherrsche ich*	*kenne ich nur oberflächlich*	*muss ich noch lesen und verstehen*

Prüfungsmodalitäten

Die Prüfungsbestimmungen und -bedingungen für das Abitur sind in den verschiedenen Bundesländern sehr unterschiedlich. Versuchen Sie, sich frühzeitig zu orientieren.

1. Welche Bedingungen gelten in Ihrem Bundesland/in Ihrer Schule?

Wie viele Themen stehen zur Auswahl?	
Wie schnell muss ich mich entscheiden?	
Wie viel Zeit habe ich insgesamt?	
Was darf ich/soll ich in die Prüfung mitnehmen?	

Welche Hilfsmittel (z. B. Wörterbuch, unkommentierte Textausgaben) sind erlaubt?	
Müssen die Wörter gezählt werden?	
Gibt es einen Fehlerquotienten? Wenn ja, wie wird er prozentual oder in Punkten veranschlagt? Oder ist er ins Ermessen des Korrektors gestellt?	
Welche Regeln gelten für Überarbeitungen/Korrekturen in der Reinschrift?	
Werden Übertragungsfehler aus dem Konzept bei der Beurteilung berücksichtigt?	
Wird der Entwurf bei der Beurteilung berücksichtigt, wenn die Reinschrift nicht vollständig ist? Wenn ja, unter welchen Voraussetzungen?	

Zeitmanagement in der Vorbereitungsphase

ABI

Sie sollten sich frühzeitig überlegen, wann Sie spätestens mit Vorbereitungen und Wiederholungen für das Abitur im Fach Deutsch anfangen müssen. Wichtig ist auch, dass Sie feste Lernzeiten ansetzen, damit die Vorbereitung zu einer alltäglichen und gewohnheitsmäßigen Aufgabe wird. Setzen Sie sich aber auch Limits und legen Sie gezielt Pausen ein!

TIPP

Alpenmethode

Aufgaben aufschreiben: Aufgaben, Aktivitäten und Termine werden in einen Zeitplan eingetragen.

Länge einschätzen: Man schätzt die voraussichtlich benötigte Zeit für jede Aufgabe ein.

Pufferzeit: Man sollte maximal 60 % der täglichen Arbeitszeit verplanen. Der Rest bleibt für Unvorhergesehenes reserviert.

Entscheidungen: Durch Prioritätensetzen wird der Umfang der Arbeiten beschränkt.

Nachkontrolle: Am Ende einer Arbeitseinheit erstellt man eine Statistik über geplante und tatsächlich erledigte Arbeiten.

1. Erstellen Sie einen mittelfristigen Zeitplan.

Reihenfolge	*zu erledigende Aufgabe*	*realistische Zeiteinschätzung*	*Arbeitsgrundlage in diesem Heft auf Seite:*	*Datum der Vorbereitung*

Jede Reise fängt mit dem ersten Schritt an.

KONFUZIUS

Stichwortverzeichnis

Autorenverzeichnis

Textquellen

S. 6: http://www.zwischensinn.de/3_4_konzeption.htm

S. 8/9: Alberto Manguel: Lesen lernen. In: Alberto Manguel: Eine Geschichte des Lesens. Übersetzt von Chris Hirte. Reinbek bei Hamburg: Rowohlt Taschenbuch 2000, S. 89–96.

S. 9: Arthur Schopenhauer: Selbstdenken. In: Arthur Schopenhauer. Sämtliche Werke. Band 2. Hrsg. von Arthur Hübscher. Wiesbaden: Brockhaus 1972, S. 524 f.

S. 11: Gabriele Wohmann: Flitterwochen, dritter Tag. In: Gabriele Wohmann: Ländliches Fest. Erzählungen. Darmstadt und Neuwied: Luchterhand 1975, S. 61 f.

S. 12: Johann Christian Günther: Als er der Phillis einen Ring mit einem Totenkopfe überreichte. In: Günthers Werke in einem Band. Berlin/Weimar: Aufbau Verlag 1966, S. 250.

S. 21: Günter Grass: Die Blechtrommel. In: Günter Grass: Werke. Göttinger Ausgabe. Göttingen: Steidl 2007, Bd. III, S. 9.

S. 22: a–c: Thomas Mann: Buddenbrooks. Verfall einer Familie. Gesammelte Werke in dreizehn Bänden. Band 1. Frankfurt a. M.: S. Fischer Verlag 1974, S. 257, 13, 14.
d: Arthur Schnitzler: Leutnant Gustl. Das erzählerische Werk. Frankfurt a. M.: Fischer Taschenbuch Verlag 1977.
Bd. II, S. 207.
e: Franz Kafka: Der Proceß. Roman. Frankfurt a. M.: Fischer Taschenbuch Verlag 1994, S. 12.
f. James Joyce: Ulysses. Übersetzt von Hans Wollschläger. Frankfurter Ausgabe der Werke James Joyces. Bd. 3.2. Frankfurt a. M.: Suhrkamp 1975, S. 968.

S. 28/30: Arthur Schopenhauer: [Parabel von den Stachelschweinen]. In: Arthur Schopenhauer: Sämtliche Werke. Band 2. Wiesbaden: Brockhaus 1972, S. 690 f.

S. 29: Eintrag: Parabel: http://de.wikipedia.org/wiki/Parabel_%28Sprache_%29, 26.8.2007 (bearbeitet).

S. 35/36: Franz Kafka: Die Verwandlung. In: Franz Kafka: Die Verwandlung. Ein Bericht für eine Akademie. Editionen mit Materialien. Stuttgart: Klett 2007, S. 35 ff.

S. 39: Reinhard Meurer: Franz Kafka: Erzählungen: Interpretation. München. Oldenbourg Verlag 1988, S. 48.

S. 40: Heinz Politzer: Franz Kafka. Der Künstler. Frankfurt a. M.: Suhrkamp Taschenbuch 1978, S. 122.

S. 41: Franz Kafka: Briefe an Felice und andere Korrespondenz aus der Verlobungszeit. Hrsg. von Erich Heller und Jürgen Born. Frankfurt a. M.: Fischer Taschenbuch Verlag 1976, S. 101 f., S. 112; Franz Kafka: Brief an den Vater. In: Zur Frage der Gesetze und andere Schriften aus dem Nachlass. Frankfurt a. M.: Fischer Taschenbuch Verlag 1994, S. 23 f., S. 59 ff.

S. 44–45: Abituraufgabe Bayern 2001, Leistungskurs; Thomas Mann: Bekenntnisse des Hochstaplers Felix Krull. Der Memoiren erster Teil. Erstes Buch, zweites Kapitel. In: Thomas Mann: Gesammelte Werke in dreizehn Bänden. Frankfurt a. M.: S. Fischer Verlag 1974, Bd. VII, S. 269–273.

S. 47: Alfred Lichtenstein: Die Dämmerung (3. Strophe). In: Menschheitsdämmerung. Ein Dokument des Expressionismus. Neu hrsg. von Kurt Pinthus. Hamburg: Rowohlt Verlag 1969, S. 47.

S. 48: Rolf Dieter Brinkmann: Einen jener klassischen. In: Rolf Dieter Brinkmann: Westwärts 1 & 2. Gedichte. Reinbek bei Hamburg: Rowohlt Taschenbuch Verlag 1975, S. 25.

S. 53: Johann Wolfgang von Goethe: [Willkommen und Abschied.] In: Johann Wolfgang von Goethe: Gedichte 1756–1799. Hrsg. von Karl Eibl. Darmstadt 1998, S. 128 f.

S. 57: Johann Wolfgang von Goethe: Willkommen und Abschied. In: Johann Wolfgang von Goethe: Gedichte 1756–1799. Hrsg. von Karl Eibl. Darmstadt 1998, S. 283 f.

S. 63: Joseph von Eichendorff: Zwielicht. In: Joseph von Eichendorff: Werke. München: Carl Hanser Verlag 1971, S. 11 f. Alfred Lichtenstein: Die Dämmerung. In: Menschheitsdämmerung. Ein Dokument des Expressionismus. Neu hrsg. von Kurt Pinthus. Hamburg: Rowohlt Verlag 1969, S. 47.

S. 66: Jakob van Hoddis: Weltende. In: Menschheitsdämmerung. Ein Dokument des Expressionismus. Neu hrsg. von Kurt Pinthus. Hamburg: Rowohlt Verlag 1969, S. 39.

S. 69: Abituraufgabe Nordrhein-Westfalen 2007; Christian Hoffmann von Hoffmanswaldau: Vergänglichkeit der Schönheit. In: Conrady: Das Buch der Gedichte. Deutsche Lyrik von den Anfängen bis zur Gegenwart. Eine Sammlung für die Schule. Neu hrsg. von Hermann Korte. Berlin: Cornelsen 2006, S. 94. Bertolt Brecht: Entdeckung an einer jungen Frau. In: Gedichte. Frankfurt a. M.: Suhrkamp Verlag 2007, S. 517 f.

S. 71: Friedrich Karl Waechter: Der Fisch. In: MiniDramen. Hrsg. von Karlheinz Braun. Frankfurt a. M.: Verlag der Autoren 1987, S. 240 f.

S. 76: Friedrich Schiller: Don Karlos. Infant von Spanien. Ein dramatisches Gedicht. Editionen mit Materialien. Stuttgart: Klett 2007, S. 31–34.

S. 82: Schillerzitat im Infokasten: Friedrich Schiller: Sämtliche Werke. Band 2. München: Deutscher Taschenbuch-Verlag 1958, S. 222. Zitiert nach: Friedrich Schiller: Don Karlos. Infant von Spanien. Ein dramatisches Gedicht. Editionen mit Materialien. Stuttgart: Klett 2007, S. 220.

S. 86/87: Abituraufgabe Baden-Württemberg 2000, Grundkurs; Bertolt Brecht: Leben des Galilei. 3. Bild. In: Bertolt Brecht. Stücke 8. Stücke aus dem Exil. 3. Band. Suhrkamp: Frankfurt a. M. 1957.

S. 91/92: Anordnungsweisungen von Argumentationsschritten. In: Hellmut Geißner: Rhetorik. Bayerischer Schulbuch-Verlag München 1974, S. 124 f. (nicht die Erläuterungen).

S. 92: Manipulationstechniken. Nach: Peter Jansen, Friedhelm Dilk, Otto Fenske: Text – Erfahrung – Reflexion. Heft 4: Werk und Autor. Bochum 1979, S. 163.

S. 96: Umberto Eco: Auch die Bären sind böse. In: Umberto Eco: Streichholzbriefe. Übersetzt von Burkhart Kroeber. München/Wien: Hanser 1990, S. 21.

S. 100: Klappentext zu Umberto Eco: Streichholzbriefe. Übersetzt von Burkhart Kroeber. München/Wien: Hanser 1990.

S. 104/105: Die Rechten sind nicht nur die anderen. In: Theater heute. Heft 2/2008. Berlin: Friedrich Verlag, S. 12 f.

S. 106: Bernd Noack: Aktion Noteingang. In: Theater heute. Heft 2/2008. Berlin: Friedrich Verlag, S. 6.

S. 109: Abituraufgabe Nordrhein-Westfalen 2007, Grundkurs; Thomas Jonigk: Corporate Identity. In: Theater der Zeit. Heft 11/12/1998. Berlin: Theater der Zeit, S. 30–32.

S. 111: a: Johann Wolfgang von Goethe: Die Leiden des jungen Werther. Briefroman. In: Johann Wolfgang von Goethe: Die Leiden des jungen Werther. Goethes Werke. Band 4. Frankfurt a. M.: Insel 1966, S. 9.
b: Georg Büchner: Dantons Tod. In: Georg Büchner: Dantons Tod. Editionen mit Materialien. Stuttgart: Klett 2007, S. 14.
c: Rüdiger Safranski: Friedrich Schiller oder die Erfindung des Deutschen Idealismus. München: Hanser 2004, S. 252.

S. 112 d: Franz Wille: Des Teufels Advokat. In: Theater heute. Heft 5/2002. Berlin: Friedrich Verlag, S. 4.
e: Barbara Burckhardt: Theaterkritikers Prosa. In: Theater heute. Heft 5/2002. Berlin: Friedrich Verlag, S. 76.
f: Gerda Scholz: Kuhwarm. Badische Zeitung. 24.11.1973. Zitiert nach: Formen literarischer Gebrauchstexte. Textauswahl besorgt von Peter Wasmer. Freiburg: Herder 1975, S. 44.

S. 115: Günter Kunert: Ungunst und Hoffnung. In: Günter Kunert: Die Schreie der Fledermäuse. Geschichten. Gedichte. Aufsätze. München: Hanser 1979.

S. 123: Abituraufgabe Baden-Württemberg 2005; Iris Radisch: Zeichen und Wunder. In: Die Zeit. Nr. 51/11. Dezember 2003.

S. 125: Alpenmethode. Nach Lothar J. Seiwert.